도시의 속살 엿보기

우리 도시의 숨은 진면목을 찾아서

도시의 속살 엿보기

ⓒ 2021, 최병대

초판 1쇄 찍은 날 2021년 12월 13일
초판 1쇄 펴낸 날 2021년 12월 20일
펴낸곳 ㈜아이에스디앤피 **출판등록** 2018년 5월 10일 제 2016-000137호
주　소 서울특별시 중구 충무로 50-7 301호(을지로3가)
전　화 02-583-7224
이메일 gogois@hanmail.net
ISBN

값12,000원
03300

ISBN 978-89-963870-1-5

*책값은 표지 뒤쪽에 있습니다.

*파본은 구입하신 서점에서 교환해 드립니다.

도시의 속살 엿보기

우리 도시의 숨은 진면목을 찾아서

— 최병대 지음 —

도시의 속살 엿보기
우리 도시의 숨은 진면목을 찾아서

프롤로그 **도시는 '이음'이다** ································· 8

서문 **시작하기에 앞서** ································· 23

제1장 **도시는 '이음'이다** ································· 27

    도시는 '시간과 공간의 이음'이다
    우리의 도시는 '화장빨 도시'다
    무엇이 도시를 만드는가?
    서울지하철은 왜 '꽈배기굴'이 되었나?
    서울지하철 9호선 급행노선 탄생의 비밀
    난지도 골프장은 왜 사라졌나?

제2장 **도시의 공간** ································· 85

    공간공리주의와 공간이기주의
    도시(공간)브랜드와 서울
    주객이 전도된 철도역사(驛舍)의 대문과 쪽문
    다운타운(Down town)과 중심업무지구(CBD) : 수원의 CBD는?
    수원역을 통해 본 역(驛)과 광장
    광교 호수공원과 일산 호수공원

제3장 　도시와 아파트 ·· 117

1. 아파트 모습 ··· 119
　　도곡동 타워펠리스 102층의 꿈
　　기왕 살아야 할 아파트라면, 친시적(親視的) 아파트로!
　　아파트 윗집과 아랫집, 그리고 옆집, 이제는 생주(生住)근접으로!
　　1001호의 이사가 주는 교훈

2. 아파트가 길을 잃다 : 아파트의 역설! ····················· 139
　　역설 1. 아파트는 지역구가 아니라 전국구이다!
　　역설 2. 다양성과 개성보다는 획일화되어야 가격이 비싸다!
　　역설 3. 아파트는 부동산이 아니라 동산이다!
　　역설 4. 아파트는 땅에서 멀어질수록 가격이 비싸다!
　　역설 5. 대지지분이 작을수록 아파트 가격이 비싸다!
　　역설 6. 아파트 정책은 가로채기정책이며 분식정책(粉飾政策)이다!

3. 아파트가 가야할 길 ·· 163

제4장 　도시의 속살 : 불편한 진실 ································ 171

에필로그 ··· 177

도시의 속살 엿보기　5

사진 목차

⟨사진 1⟩ 궁정동 안가모습 ·· 18
⟨사진 2⟩ 궁정동 사태 ·· 19
⟨사진 3⟩ 무궁화동산-1 ·· 20
⟨사진 4⟩ 무궁화동산-2 ·· 20
⟨사진 5⟩ 청와대 사랑채에서 바라본 무궁화동산 전경 ················ 21
⟨사진 6⟩ 효자동 사랑방 ··· 21
⟨사진 7⟩ 청와대 사랑채 ··· 22

⟨사진 1-1⟩ 철도와 철도역으로 인한 도시격차 현상:
　　　　　미국 코네티컷주 하트포드시 ································ 46
⟨사진 1-2⟩ 서울성곽의 야경: 대학로 낙산공원 주변모습 ············ 51
⟨사진 1-3⟩ 수원 화성의 모습 ·· 51
⟨사진 1-4⟩ 지하철 7호선 차량기지건설관련 의정부시의
　　　　　비용부담요구 내용 및 관련공문 ···························· 68
⟨사진 1-5⟩ 서울 지하철 9호선의 급행모습 ··························· 72
⟨사진 1-6⟩ 공항철도 · 서울9호선 직결 :
　　　　　동상이몽 탓 21년째 제자리걸음 ···························· 72
⟨사진 1-7⟩ 난지 골프장 조감도(노을공원) ···························· 82
⟨사진 1-8⟩ 난지 골프장 조성 후 무료개방 시
　　　　　시민들이 골프 즐기는 모습 ································· 82
⟨사진 1-9⟩ 난지도 매립 후 월드컵공원 전경 ························· 83

〈사진 2-1〉 동대문 디자인 플라자(DDP) ·· 95
〈사진 2-2〉 민간자본을 유치하여 지어진 역사의 모습 A~C ················100
〈사진 2-3〉 수원역 앞 나홀로 광장(원안쪽):
　　　　　자동차로 포위된 섬(광장)···111
〈사진 2-4〉 일산 호수공원 : 호수공원 수면이 3개로 구분······················115
〈사진 2-5〉 광교 원천 호수공원 : 호수 수면전체가 1개로 구성 ··············116
〈사진 3-1〉 도곡동 타워팰리스···122
〈사진 3-2〉 태풍(빌딩풍)으로 해운대 마린시티의
　　　　　고층아파트 유리창 깨진 모습··123

표 목차
〈표 1-1〉 노을공원 및 난지도 골프장 추진일지 ······························· 76
〈표 3-1〉 수원시 주택유형별 현황 및 아파트 비율(2020. 8)················127
〈표 3-2〉 강남3구 아파트 현황과 고소득자 및 자산가 현황···················143
〈표 3-3〉 혁신도시 특별공급아파트 먹튀현황···································161

그림 목차
〈그림 1-1〉 서울지하철 4호선 꽈베기굴 모습(남태령 지하구간) ············ 55
〈그림 3-1〉 주거형태별 변화추이··126
〈그림 3-2〉 KTX 개통전후의 시간거리 변화양상···························· 140

프롤로그

도시는 이음이다

우리 모두는 바쁜 일상사에 매몰되어 살아가고 있다. 그것도 자기가 중심인 세상에서! 그런데 가만히 되돌아보면 오늘 이 순간 이 자리에 존재하는 나는 누군가로부터 이어져왔다. 나의 존재는 부모님의 유전자로부터, 부모님은 그 부모님의 유전자로부터 이어왔듯이. 지금의 나는 나로서 끝나는 것이 아니라 나를 통해서 앞으로도 계속 이어질 것이다.

우리가 살고 있는 도시도 마찬가지이다. 내가 우리가 되고 우리가 커뮤니티가 되고 도시공동체가 되어 연 이어져 온 것이 다름 아닌 오늘날 도시의 궤적이 아닐까. 앞서 간 선대들의 남긴 흔적들이 면면이 이어져 오늘 우리 도시공동체로 자리매김하고 있으며 이는 또 다른 이어짐으로 영속될 것이다.

오늘을 사는 우리들의 삶이 누적되어 역사로 이어지듯이 도시도 이어짐과 이어짐의 연속이다. 오늘 우리가 몸담고 있는 도시는 그 누군가 우리보다 앞서 간 사람들의 발자취가 응축되어 이어져 왔다. 우리는 앞서 간 그들의 바탕위에서 우리들 흔적을 남기기 위해 정성을 쏟고 있는 셈이다. 기왕에 흔적을 남기려면 좋은 흔적을 남겨야 되지 않겠는가.

도시는 과거와 현재, 미래로의 이어짐이다. 시간의 이어짐일 뿐만 아니라 공간의 이어짐이다. 좋은 도시란 어제의 흔적과 기억이 담겨있을 뿐만 아니라 오늘의 발자취와 다가올 내일도 담을 여유와 포용력이 있어야 한다. 이음과 이음이 물 흐르듯이 자연스럽게 이어져야 도시의 삶이 한층 풍요로워질 수 있다. 지난날의 얘기가 오늘에 이어지고 이는 다시 내일로 이어져야 한다. 지난날의 삶과 공간의 흔적이 오늘에 전승되고 여기에 살을 더하여 미래로 연결되어져야 한다. 또한 시간과 공간이 함께 어우러지고 지난날의 얘기가 시·공간과 더불어 함께 할 때 도시는 한층 생명체로서 활기를 띠고 살기 좋은 도시가 될 것이다.

아쉽게도 그 동안의 도시는 이어짐의 연속이라기보다는 단절과 단절로 점철點綴된 모자이크식 도시와 다름 아니다. 도시는 과거를 지우고 화장으로 덧칠을 해 나가지만 이는 도시의 참 모습과는 거리가 있다. 이어짐의 의미와 중요성을 간과한 채 지난날의 흔적을 지워버리거나 시간의 흐름과 더불어 잔흔조차 사라져버리는 것이 다반사이다. 이는 과거의 흔적조차 모르고 오늘을 살아가는 후대들에게는 불행이 아닐 수 없다. 오늘을 살아가는 우리들은 지난날의 흔적위에 새로움을 채워가고 여기에 다시 후대들의 새로움이 더해질 때 도시는 한층 품격높은 도시가 될 수 있다. 지금까지의 도시궤적을 되돌아보면 아쉬운 부분이 적지 않다.

글로벌무대에서 대한민국은 격변과 격변의 연이음으로 오늘에 이르고 있다. 특히 한국은 제2차 세계대전이후 해방과 더불어 연 이은 6.25전란에도 불구하고 산업화, 도시화, 민주화, 세계화, 정보화, 개방화의 첨단에 있었다. 대한민국의 급격한 성장과 발전의 무대는 바로 도시라는 공간이었지만 다른 한편에서는 도시란 공간은 갈등과 반목의 진원지가 되기도 하였다. 산업화를 거치면서 굶주림으로부터는 벗어나기는 하였지만 민주화라는 국민의 열망에 부응하지 못하자 도시란 공간은 혼란의 와중에서 허우적거리기도 하였으며, 그 중심에는 서울이라는 공간이 자리하고 있었다.

1979년 10월 26일 저녁에는 청와대 앞 궁정동의 안전기획부 **구 중앙정보부** 안가 만찬장에서 대통령 경호실장 차○○과 안기부장 김○○의 갈등과 반목이 도화선이 되어 박정희 대통령피격사건이 발발하면서 대한민국은 또 다른 격변의 시기를 맞이하게 되었다. 이른바 민주화시대가 열리는 계기가 되었다.

청와대 앞에 가면 '효자동 무궁화 동산'과 '효자동 사랑방'현재는 '청와대 사랑채'이 있다. 깔끔하게 단장한 공원무궁화 동산과 번듯한 건물이 그럴듯하게 치장을 하고 있다. 주민들이 오손 도손 모여서 서로 정을 나누고 담소하며 지내는 사랑방 역할을 하기에는 어딘가 모르게 격에 어울리지 않는다고나할까.

'효자동 무궁화동산'은 '10.26 사태궁정동사건'가 발생한 '궁정동 안가'가 위치하던 자리이고, '효자동사랑방'은 당시 청와대 비서실장 공관이 위치하였다. 본 모습은 흔적도 자취도 없이 사라져버렸다. '10.26 사태'는 대한민국 격변사의 한축이다. 그때 그 만찬장에서 불린 '그때 그 사람'이란 유행가 가사처럼 '그때 그 모습'으로 존재해야 오늘을 살아가는 우리가 역사의 숨결을 느끼고 서울이란 공간을 확인하는 바탕이 되리라!

하지만 불행하게도 권력이 지배하고 관리하는 도시는 그 흔적을 지우기에 여념이 없었다. 만약 '효자동 무궁화동산과 사랑방'이 '궁정동, 그때 그 모습'으로 재탄생하고 그 시절의 이야기가 더해지면 지난날의 체취와 더불어 도시는 한층 풍요로워지지 않겠는가. 도시의 이음을 위해 이제라도 서둘러 '궁정동의 그때 그 모습'을 살려야 되지 않겠는가!

『도시의 속살 엿보기』는 지금의 도시가 만들어지면서 숨겨져 있거나 일상적으로 도시에 살면서도 무심코 놓치고 있는 부분을 들추어 보는 것이다. 비록 파편적으로 만들어진 도시일지라도 도시내면의 모습이나 이야기꺼리와 이어질 때 도시는 이어짐으로 연결되는 토대가 되고 활기가 돌고 한층 생명력을 높아지는 바탕이 되기 때문이다.

한편 도시가 팽창·확대되면서 팽배해지는 이기심과 익명성으로 인해 공동체와 공익가치가 훼손되는 경향이 나타나고 있다. 오늘을 살아가는 모든 도시인들에게는 행복한 도시공동체를 만들기 위한 사명이 부여된 셈이다. 더불어 함께하는 공생도시를 향한 플랫폼에 함께 동승하는 것이 마땅하지 않겠는가?

늦음은 빠름의 또 다른 표현이듯이 이음은 단절의 성찰을 통해 시·공간으로 확대·재생산될 수 있다. 이제라도 지나온 행로를 되돌아보고 단절이 아니라 이어짐으로 연결할 수 있는 고리를 찾고 메꾸어 나가자. 이것이 오늘을 살아가는 우리들의 몫일 테니까.

도시의 속살에 등장하는 주제는 필자가 연구원시절서울연구원과 수원시정연구원, 공무원서울시, 또한 대학한양대에 있으면서 도시에 대한 각종 자문이나 위원회 활동에 참여하면서 느낀 단편적인 생각이나 실제로 현장에서 접한 경험이 바탕이 되고 있다.

주마간산走馬看山격이 될지는 모르겠지만 여기에 글을 담은 것은 도시에 관심을 가진 한 학자가 도시의 이음을 위해 시민들에게 도시의 숨겨져 있거나 놓치고 있는 이야기를 전하고 싶기 때문이다. 오늘을 살아가는 우리 모두는 보다 아름답고 살기 좋은 도시를 후손들에게 물려주기 위해 조그마한 보탬이라도 되어야 하지 않겠는가!

이 책의 제목을 무엇으로 할까 고민하다 『도시의 속살 엿보기』로 하였다. 늘 도시와 일상을 함께 하면서도 놓치고 있거나 감추어진 이야기를 들추어보는 일종의 "도시의 숨겨진 이야기"라고나 할까. 특히 대한민국은 도시국가나 마찬가지이다. 이미 100명 중에서 92명이 도시라는 공간에 몸을 의탁하고 삶을 영위하고 있다. 일상을 도시에서 보내는 우리들의 삶이 행복하기 위해서는 도시를 알고 이해하는 것이 큰 도움이 될 것이다.

도시라는 공간을 무심無心하고 수동적으로 스쳐가기보다는 관심과 애정을 가지고 주변을 찬찬히 살펴보아야 한다. 『도시의 속살 엿보기』는 우리도시의 현주소와 지나온 궤적을 더듬어보고 앞으로 우리들의 도시가 나아가야 할 방향을 고민하는 계기가 되었으면 하는 바람으로 탄생되었다.

이 책은 4부분으로 구성되어 있다. 첫째는 도시는 '이음'이라는 부분이다. 여기서는 도시는 '시간과 공간의 이음', '화장빨 도시', 한양과 수원의 탄생과정과 오늘날 도시의 형성주체에 관한 이야기를 다루고 있다. 더불어 우리가 거의 매일 이용하고 있는 지하철에 대한 숨겨진 이야기와 반성해야 할 부분도 담겨있다.

난지도 골프장건설과정과 해체과정은 또 다른 성찰이 필요한 부분이다. 한강하류의 아름다운 난지도가 쓰레기 산으로 변모하고, 다시 골프장과 하늘공원생태공원으로 탄생하였다. 그런데 130억원 예산을 투입하여 조성한 난지도 골프장은 잠시 무료시범라운드로만 개장하여 운영하다가 생태공원인 노을공원으로 재조성하면서 명운을 다하였다. 공공기관 간 이해상충으로 기백억원의 세금이 매몰비용으로 흔적도 없이 사라져버렸다. 감히 민간부문에서는 상상할 수도 없는 일이 전개되었음에도 불구하고 제대로 책임지는 자가 없이 베일에 묻혀 있다고 나할까?

둘째는 도시와 공간에 관한 이야기다. 도시는 유기체며 생명체다. 좋은 도시는 살아가는 사람들에게 편안하고 쾌적한 공간을 제공해 야할 뿐만 아니라 도시경쟁력도 함께 가져야 한다. 도시라는 공간은 아름다운 공간일수록 도시공동체 모두를 위한 공간으로 자리매김하는 것이 소망스럽다.

　공공부문에 있어서 민간자본유치가 보편화하면서 공용공간이 폄하되고 있는 현상을 역사驛舍란 공간을 통해서 조망해 보았다. 공공이익과 민간이익이 조화로우면서도 슬기롭게 함께 할 수 있는 지혜가 필요함을 일깨워주는 사례이다. 다운타운과 중심업무지구CBD, 가장 흔히 접하는 용어임에도 불구하고 어떠한 차이가 있는지, 도시에서 다운타운이 왜 중요한지를 살펴보는 것도 색다른 묘미가 있다. 신도시가 만들어지면서 호수공원이 필수품처럼 등장하고 있다. 기왕 만드는 호수공원이라면 시민들에게 보다 친숙한 공간으로 조성되길 바란다. 일산 호수공원과 수원 원천호수공원을 통해 시민과 더 친숙한 공원을 조성하기 위한 방안을 고민해 보았다.

　셋째로 다루는 주제는 도시와 아파트이다. 이미 국민 과반수 이상이 아파트에 거주하고 있다. 프랑스 지리학자 발레리 줄레조박사는 한국을 한마디로 '아파트공화국'으로 지칭하고 있다. 우리나라 초고층아파트의 효시인 도곡동 타워펠리스 탄생에 얽힌 숨은 얘기를 소개하고, 아파트에 살게 되면서 겪게 되는 도시 삶의 황폐화 같은 여러가지 문제를 고민해보았다. 이들 모두 아파트공화국이 해결해야 할 새로운 과제를 던져주고 있다.

　문재인정부에서는 아파트 가격이 폭등하여 온 국민이 고통의 터널에서 허우적거리는 것 같다. 이른바 '아파트의 역설' 6가지를 되짚어 보았다. 아파트문제를 해결하기 위해서는 무엇보다도 현상에 대한 진단과 인식이 선행되어야 한다. 우리나라는 100명 중에서 92명이 도시에서 살고 있는 도시국가이다. 도시국가의 특성을 반영한 아파트정책이라야 실효성이 확보될 수 있다. 더불어 가구구성원의 변화, 인간의 탐욕과 이기심, 심리적 요소, 시장을 이기고자 하는 공공의 만용 등에 각별한 주의를 기울여야한다.

마지막으로 『도시의 속살 엿보기』가 던지는 메시지이다. 인간은 본래 잘난 것이나 비교우위에 있다고 여기는 것은 드러내 알리고 싶은 욕구가 강하다. 반면에 허물이 있거나 취약하다고 여기는 것은 감추기에 급급하다. 도시도 마찬가지이다. 화려하고 그럴듯한 외양은 들추어내고 싶은 욕구가 강렬하게 작용하기 마련이다. 화려한 외양에 감추어진 이면의 어두운 모습은 애써 외면한다고나 할까. 『도시의 속살 엿보기』가 던지는 메시지는 불편하지만 감추어진 이면의 성찰을 통해 좋은 도시가 지향해야 할 계기로 삼자는 것이다.

궁정동 안가가 효자동 사랑방현재는 청와대 사랑채으로 바뀐 모습 : 단절의 현장/역사적 흔적은 자취도 없고!

    서울시 종로구 궁정동 안가일대가 '효자동 무궁화동산'과 '효자동 사랑방'으로 모습을 바꾸었다. 청와대 앞길과 인왕산이 통행 금지된 후 오랫동안 이 지역은 일반인이 출입할 수 없는 금단의 지역이었다. 궁정동 안가는 1978. 10. 26 김재규에 의해 박정희 대통령이 피격된 장소, 즉 궁정동 사건宮井洞事件으로 대한민국 현대사의 물줄기를 바꾼 역사적인 공간이다.

    1993년 2월 25일 청와대 앞길을 개방한 이후 국민들에게 편의를 제공하는 효자동 사랑방으로 개조하여 1993년 9월 1일 개관하였다. 1층은 서울 정도定都 600년 전시관, 2층은 국빈선물 전시관으로 꾸몄다. 이후 효자동 사랑방을 지하 1층, 지상 2층, 규모로 개축하여 2010년 1월 5일에 청와대 사랑채로 재개관하였다.

    10. 26의 흔적은 그 어디에서도 찾을 수 없는 공간이 되어 버렸다.

〈사진 1〉 궁정동 안가모습

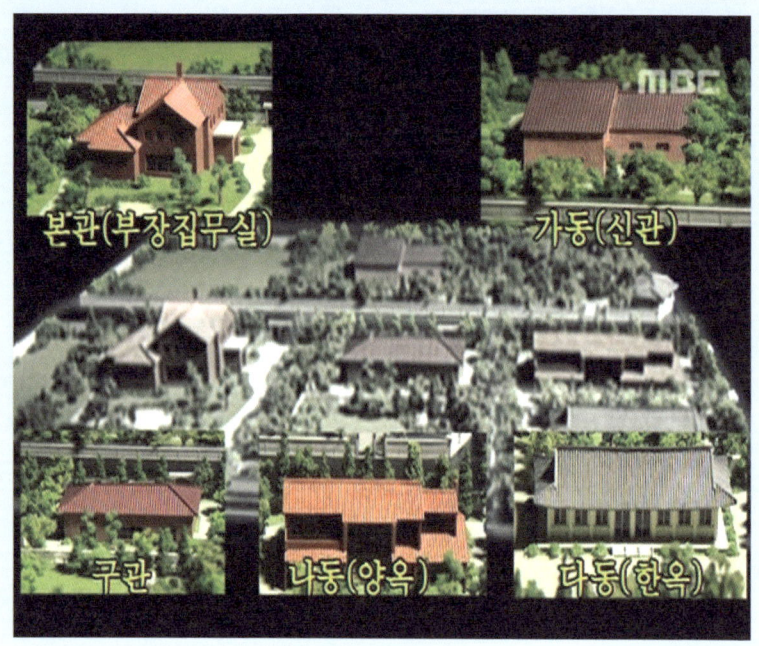

<사진 2> 궁정동 사태

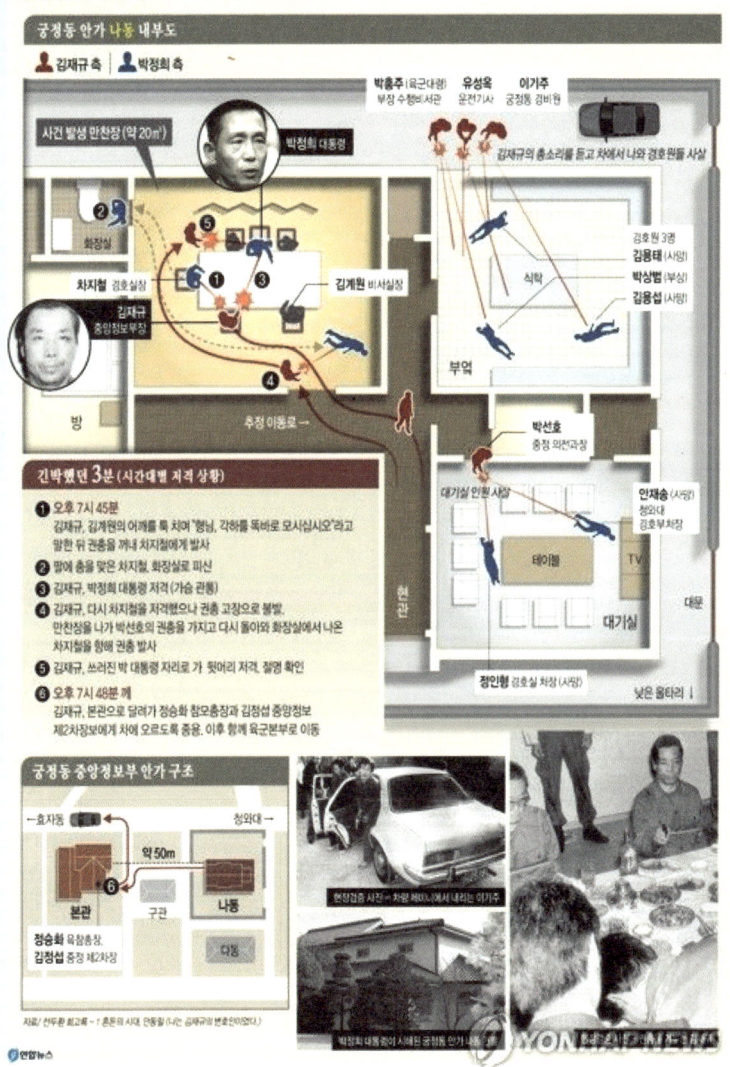

도시의 속살 엿보기   19

〈사진 3〉 무궁화동산-1

〈사진 4〉 무궁화동산-2

〈사진 5〉 청와대 사랑채에서 본 무궁화동산 전경

〈사진 6〉 효자동 사랑방

〈사진 7〉 청와대 사랑채

출처 :
https://m.blog.naver.com/PostView.naver?isHttpsRedirect=true&blogId=jdh5901&-logNo=221669472744
https://namu.wiki/w/10.26%20%EC%82%AC%EA%B1%B4?form=MY01SV&O-CID=MY01SV
https://www.seouland.com/arti/culture/culture_general/5150.html
사진 3, 4, 5 & 7 : Photo by CBD

서문 : 시작하기에 앞서

배우고 쓰고 가르친다는 것, 그 어느 하나도 녹녹한 게 없다. 그중에서도 배우는 것이 먼저 자리하기 마련이다. 이 세상에 태어나 일생을 살면서 열심히 배우고 또 배우는 것이 인생사였다. 배우는 과정에서 고비 고비 복병을 만나 진퇴양난에 빠지기도 하고, 때로는 온 길을 되돌아가야하는 아픔을 겪기가 다반사이기도 하였다. 배우고 공부해서 가르치는 경험은 색 다른 느낌으로 다가오기도 하였다. 대학에서 정년을 하고 무엇을 하면서 인생 이모작을 맞이할 것인가를 고민하였다. 불현듯 지나온 흔적을 되짚어보고자 하는 욕구가 분출하였다.

『도시의 속살 엿보기』는 도시를 배우고 공부하고 가르치면서 경험한 퇴적물의 부분 부분 발췌물이라고나 할까. 이 책은 도시에 관심을 가진 분들과 가볍게 소통하고 싶은 취지에서 시작되었다. 더불어 도시에서 살아가고 있는 일반시민들과도 도시에 관한 이야기를 나누면서 우리가 살고 있는 도시의 모습을 되돌아보는 계기가 되었으면 하는 바람이다. 우리가 몸담고 있는 도시에 대해 관심을 가질수록 좋은 도시를 만드는 바탕이 풍성해 질 것이기 때문이다. 이 책을 준비하면서 과거의 경험을 부분적으로 발췌하다보니 논리적이고 일관성을 갖추기에는 한계가 있었음을 실토하지 않을 수 없다. 가능한 범위 내에서 짜임새 있도록 구성하기는 하였지만 여전히 독자들의 질책을 벗어나기는 어려울 것 같아 마음이 편치 않지만 혜량을 바랄뿐이다.

지난 흔적을 발췌하여 정리하는 것도 간단치가 않았다. 전문서적과 달리 시민들이 편하고 쉽게 이해할 수 있도록 시민들에게 가까이 다가가기 위한 글을 쓴다는 것이 쉽지 않은 것임을 실감했다. 2021년 4월에 출간한 『포스트 코로나를 대비하라』와는 차원이 달랐다. 하는 수없이 주변 지인들에게 도움을 요청할 수밖에 없었다.

먼저 평택대학교의 이시화 교수님과는 미국에서 함께 수학하면서 여러 경험을 공유한 관계로 잦은 소통으로 이어졌다. 이심전심이랄까 쉽게 의견이 모아졌다. 이교수님은 이 책 발간의 물줄기를 잡아주었을 뿐만 아니라 독자에게 편하게 다가갈 수 있도록 제시해준 많은 의견들이 큰 보탬이 되었다. 서울대학교에서 정년을 맞이한 김광중 교수님은 엉성한 원고의 초고를 읽고 세심한 보완·수정의견을 주어 이 책의 완성도를 높이는데 큰 힘이 되었다. 서울연구원의 신창호 박사님은 서울시와 관련된 정책이슈들에 대하여 많은 고견을 주셨다. 필자와 한 동안 연구원에서 동고동락한 경험을 반추하고 소통을 이어가면서 이 책은 한층 단단해질 수 있는 계기가 되었다. 이외에도 편집과 관련 자료 협조에 도움을 준 서울시 용산구청의 최송이 박사님, 서울시의회의 강상원 박사님, 박태헌 전문위원님께도 감사를 드린다.

 불행을 경험하지 못한 자가 행복을 느낄 수 있을까. 행복과 불행은 늘 함께 해야 할 동반자관계이다. 글을 쓰고 책이 만들어지고 신간이 출간되는 것은 가슴이 뿌듯하고 행복한 순간이 함께하는 즐거움이다. 이 즐거움이 있기에는 주위 여러분들의 도움이 있었다. 먼저 필자에게 학문과 미국 유학의 길을 열어주신 전)미국행정학회ASPA 회장님을 역임하신 조용효Y. CHO 박사님의 은혜를 잊을 수 없다. 최근 시카코에서 은퇴자들의 천국인 플로리다주로 이주하셨는데 편안하시고 건강한 노후를 보내셨으면 하는 바람이다. 지도교수님이신 프랭크 코스타F. Costa 박사님은 저에게 도시에 대해 많은 궁금증을 자아내게 하고 고민거리를 갖도록 해 주셨다. 그것들이 학생들을 가르치는데 큰 바탕이 되었기에 더할 나위 없이 감사할 뿐이다.

또한 글을 쓴다는 핑계로 워킹 맘으로 늘 바쁜 집사람을 크게 도와주지 못한 것이 마음에 걸린다. '카페 57번가'에서 편하게 글을 쓰도록 배려해 준 아들의 노고도 큰 힘이 되었다. 한편 수원에서 아버지와 2년여를 함께 지낸 딸과 사위에게도 고마움을 전한다. 특히 이 책에서 다루고 있는 아파트에 관한 부분은 딸 집에서 함께 거주하면서 경험한 것들이 바탕이 되고 있다. 되돌아보니 딸부부와 함께 한 시간들이 소중한 자산으로 자리한 셈이다. 마지막으로 못난 자식을 위해 늘 노심초사하시던 하늘나라에 계신 본가 및 처가 부모님들과도 이 즐거움을 나누고 싶다. 감사하고 고맙습니다!!

2021년 11월 '송현동 57번지'에서

한들 **최 병 대**

제 1 장

도시는 이음이다

제1장 도시는 '이음'이다

- 도시는 '시간과 공간의 이음'이다
- 우리의 도시는 '화장빨 도시'다
- 무엇이 도시를 만드는가?
- 서울지하철은 왜 '꽈배기굴'이 되었나?
- 서울지하철 9호선 급행노선 탄생의 비밀
- 난지도 골프장은 왜 사라졌나?

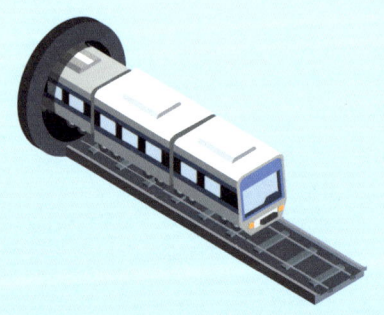

제1장 도시는 '이음'이다

• 도시는 시·공간의 '이음'이다

살기 편한 도시가 있는 반면에
살기 불편한 도시도 있다.
어떤 도시는
또 다시 가고 싶은 도시가 있다.
길을 나서다 보면
자기도 모르게 발걸음을 멈추는 장소도 있다.
도시와 장소가 주는 마력魔力때문일까?

나만이 사는 도시가 존재할 수 있나? 도시는 우리 모두가 더불어 함께 살아가는 공동체의 터전이다. 더불어 잘 살기 위해서는 도시는 파편화되고, 계층화되고, 단절로 점철될 것이 아니라 매듭이 이음으로 연결되고 이음은 연속적으로 이어져야 한다. 하지만 자칫하면 도시는 나만의, 우리만의, 끼리끼리 만의 집단이기주의가 위력을 발휘하기 십상이다. 소규모의 단지나 집단, 계층 간 이기심이 발휘되면 될수록 도시공동체는 파편화되고 황폐화로 이어질 개연성이 높아진다.

경관이 빼어나고 아름다운 자연환경일수록 자본의 위력이 녹지축의 허리를 자르고 대못을 박아 지역적 특성identity을 사라지게 한다. 어느 도시를 가도 나만/우리들만의 전원주택단지나 초고층아파트, 대기업 상호가 판을 치는 대규모 아파트단지가 즐비하다. 잘 난 사람들(?)이 사는 아파트와 못난 사람들(?)이 사는 아파트가 구별되고 헌 것은 버리고 새것만 추구하다보니 옛것은 허물이요 쓰레기(?)고, 새것은 귀중품이고 명품이라고 생각하는 듯 하다. 자연의 아름다움을 알면서도 자연을 인간들이 품을 수 없도록 자동차에 양보(?)하여 자연도 도시에 사는 사람들도 한을 안고 살아가야 하는 도시가 진정 인간을 위한 도시인지?

옛적에는 서울 남산에도 호랑이가 살았다고 한다. '신은 자연을 만들고 인간이 도시를 만들었다'는 카우프의 이야기처럼 인간이 도시를 만들면서 경관이 빼어난 곳일수록 인간들의 발자국이 먼저 내딛는 토대가 되었다. 은둔에 묻힌 한양이 태조 이성계의 조선건국에 따라 수도가 됨으로서 인간의 의지가 투영되기 시작하였다. 한양에 궁궐경복궁이 들어서고 인접하여 종묘가 자리하고 시가지가 개발되면서 본래의 자연이란 공간이 도시라는 공간으로 변모하기 시작하였다.

　일제강점기 세운상가자리는 미국 폭격에 대비하여 시가지를 철거하여 공지소개공지로 만들어졌다. 해방 후 무허가 판자촌으로 점거된 것을 당시 김현옥 서울시장이 이를 철거하여 세운상가로 개발하였다. 세월과 더불어 세운상가의 노후화는 가속되었다.

　2007년 7월에 취임한 오세훈 서울시장은 재직중 세운상가 재개발계획을 구상하고 더불어 단절된 생태통로의 복원을 시도하였다. 세운상가를 재개발하면서 북한산-북악산-창덕궁/창경궁-종묘-남산으로 이어지는 녹지축과 생태통로로의 복원은 워낙 이해관계가 복잡하게 얽힌 관계집단들과의 민원문제뿐만 아니라 천문학적인 예산이 소요되어 고민에 봉착하였다. 그러다가 보궐선거로 등장한 박원순 시장은 도시재생사업으로 전환하여 추진하면서 생태통로 복원사업은 사라지게 되었다.

　좋은 도시란 '이음'으로 이어져야 한다. 좋은 도시란 지나온 흔적을 지우지 않고 이어가면서 그 흔적의 향기를 느끼게 해주면서 새로움을 더해 미래로 나아가는 도시여야 한다. 단절되고 파편화되어 점点적으로 홀로, 섬으로 존재하는 것이 아니라 공간과 공간, 공간과 시간이 이어지고, 시·공간이 얘깃거리와 맞물리고 어우러지는 도시라야 진정 격조 있고 품격 높은 도시가 될 수 있다.

더불어 질주하는 도시가 아니라 찬찬히 도시의 외양과 내면을 함께 더듬어 볼 수 있는 여유로움이 있어야 좋은 도시이다. 도시는 나만이 아니라 너와 내가 함께 손에 손을 마주잡고 우리 모두가 함께하고 어우러지는 공동체가 되어야 한다. 이를 위해 공공이 해야 할 일은 무엇이며, 우리가 해야 할 일이 무엇인지 깊은 성찰이 필요하다.

여기서 잠깐 도시의 이음을 위한 해법을 모색해보자. 하나는 사방의 한축만이라도 살리는 공간관리이다. 개발 시에는 반드시 한축만이라도 살리고, 이미 개발이 되어 섬이 되어버린 것은 지금부터라도 단절된 축을 살려나가는 것이다. 조물주가 우리 인간에게 물려준 공간은 사방이 연결된 이음의 공간이었다. 도시로 인구가 몰려들고 도시가 확대·팽창하면서 개발의 압력을 피해갈 방법이 없었다. 이음의 공간이 섬이 되어버리고 점点적 공간이 되든 말든 당대를 살아가는 사람들의 편리함만을 추구하여 왔다.

되돌아보니 회복이 불가능한 모습으로 현재화現在化되어 버렸다. 이제라도 최소한이라도 회복할 수 있으면 회복하는 방안에 고민을 쏟을 때가 되었다. 최소한 한 방향만이라도 살려야 단절에서 이어짐으로 연결되고 사람도 자연도 함께 어우러지는 도시가 되지 않겠는가.

다른 하나는 도시의 과거 흔적과 숨결이 전승되고 계승되도록 해야 한다. 도시의 겉모습도 좋아야하지만 내면의 모습이 아름다워지도록 도시를 관리하는 것이다. 내면의 모습이 아름답기 위해서는 치장하고 분장하는 것이 아니라 그때 그 모습으로의 체취를 체감할 수 있어야 한다. 오늘의 도시는 어제의 도시가 바탕이 되었으며 어제의 도시는 그 이전의 도시가 바탕이 되었으리라. 지난날의 흔적이 사라지기도 하고 지워지기도 하지만 최소한 그 흔적과 숨결은 전승되고 계승되어야 한다.

권력이 지배하는 도시는 시민의 여망을 받들고 담기보다는 권력자들의 자의적인 잣대에 의하여 도시를 관리하고자 하는 욕구가 증대하기 마련이다. 이는 감추고 싶은 아픈 상처는 지우고, 보이고 싶은 것만을 드러내고자 한다. 이로 인해 시간과 공간의 단절 및 왜곡현상이 발생하고 궁극적으로 도시는 생명력을 잃게 된다.

지금까지 우리는 도시의 앞모습을 가꾸기에 여념이 없었다. 도시의 외양을 그럴듯하게 다듬고 화려하게 포장한 가식적假飾的인 도시, 즉 분식도시粉飾都市가 되었다. 도시란 공간은 변화해 가는 외양의 모습 그 자체로서도 의미가 있겠지만 과거의 가치가 승계되면서 미래의 가치로 연결될 때 진가가 발휘될 수 있다. 핑계 없는 무덤이 없듯이 감추어진 속살을 찾아내어 가치를 되새기고 이들이 시·공간과 이어질 때 도시는 한층 활기를 띠게 될 것이다. 그럼 오늘 이 도시공간에서 살아가는 우리들의 자세도 좀 더 달라져야 되지 않겠는가?

흔히 역驛을 관문이라고 한다. 역을 통해서 들어오고 역을 통해서 나가기 때문이리라. 대도시에 있어서 역사驛舍는 도시의 얼굴이며 상징과 같은 공간이다. 역驛은 그것을 통해서 사람들이 모여들고 분산되기도 하는 결절지이며 교두보인 셈이다. 대한민국 국민 중에서 서울역을 이용해 보지 않은 사람이 얼마나 될까? 서울역을 이용하면서 느낀 애잔한 추억 한두 가지는 마음속에 자리하고 있을 것이다. 그런 추억의 서울역이 민간자본유치란 미명하에 마치 구석진 모퉁이에 얼굴도 제대로 내밀지도 못한 채 웅크리고 앉아 혹시 언젠가 완전히 사라질지도 모를 불안감에 떨고 있다면 지나친 우려일까?

Tips; '서울역 그릴' 96년만에 문 닫아!

　우리나라 최초의 경양식집으로 불리는 '서울역 그릴'은 1925년 10월 15일 경성역 2층에서 개업했다. 당시 요리사만 40명이었고, 한꺼번에 200명이 식사할 만큼 규모가 컸다. 음식용 엘리베이터를 설치해 지하 주방에서 2층으로 요리를 올려보냈으니 시설도 첨단이었다. 당시 정찬 가격은 3원20전. 설렁탕값15전의 20배가 넘었다.

　이곳은 1층 대합실 옆에 있던 '티룸'커피숍과 함께 개화기 모던보이들의 아지트였다. 소설가 이상과 박태준도 자주 찾았다. 이상의 소설 '날개'에서는 돈이 없어도 꼭 머물고 싶은 꿈의 공간으로 나온다.

　광복 후에는 철도청이 운영을 맡아 대도시 주요 역에 분점을 내기도 했다. 하지만 경영권이 민간으로 넘어가는 등 우여곡절 끝에 새로 지은 서울역 건물 4층으로 옮겨 영업을 계속하다 그제 문을 닫고 말았다. 일제강점기에 개업해 6·25 전쟁과 외환위기 등 숱한 고비를 넘겼지만 2년에 걸친 코로나 사태에는 어쩔 수 없었던 모양이다.

　마지막 영업을 알리는 안내와 함께 '폐업 준비로 돈가스와 생선가스, 오므라이스, 해물볶음밥만 가능'이라고 써 붙인 문구가 쓸쓸하고 애잔하다. 한때 청춘 남녀의 소개팅과 맞선 명소였고, 입학·졸업 등 축하와 기념일 잔치 자리였던 경양식집이 사라지자 "100년을 못 채워 아쉽다", "역사의 한 페이지가 이렇게 넘어가는구나" 등의 시민 반응이 종일 이어졌다.

출처 : 한국경제 2021. 12. 2, 고두현 논설위원

서울역에는 하나도 모자라 두 개의 대기업 백화점이 위용을 뽐내고 있다. 대기업의 위용에 압도당한 채 옛날의 서울역 흔적은 왜소하게 모서리를 지키고 있다고나할까. 도시의 얼굴인 역사가 자본의 위력 앞에 저항할 기력조차 없어 보인다. 왜 이렇게 되어가지? 폭증하는 교통수요에 부응하기 위해 불가피한 측면도 있지만 그렇다고 희귀한 보물(?)이 될 수 있는 지난날의 흔적을 지워나가기 보다는 살리고 이어나가는 지혜가 필요하지 않을까? 신·구의 조화로운 모습이 우리가 가꾸어야 할 도시이고 그런 도시를 후대들에게 물려주어야 하지 않겠는가.

좋은 도시란 도시의 앞면만 탐닉하기보다는 뒷면의 모습도 함께 체감될 수 있어야 한다. 지금이라도 현재의 서울역의 모습을 찬찬히 들여다보고 서울역이 서울시민, 아니 대한민국 국민들의 마음의 고향으로 되살리고 이어갈 수 있도록 지혜를 모아보자! 더 이상 서울역의 흔적이 지워지기 전에 서울역이 지난 과거의 흔적과 현재, 더불어 미래를 함께하는 서울역으로 거듭날 수 있도록 적절한 방안을 찾아야 한다. 더 늦기 전에 온고이지신溫故而知新일 수 있는 서울역, 지난날 시·공간의 축적과 이음이 오늘과 함께하며 내일로 이어지는 서울역을 위해!

• 우리의 도시는 '화장빨 도시'다

모든 물체는 앞이 있으면 뒤가 있고 겉모습이 있으면 속모습도 있다. 화려한 외양外樣이 있으면 감추어져 잘 드러나지 않는 내양內樣도 있다. 도시도 마찬가지이다. 드러내고 싶지 않은 속모습은 애써 감추고 화려한 외양外樣만을 드러내는 도시가 바로 '화장빨 도시'이다. '화장빨 도시'는 도시의 과거를 감추기 위해 화장으로 덧칠을 해나가지만 이는 도시의 참모습과는 거리가 있다. '좋은 도시'란 과거의 기억과 흔적이 담겨 있을 뿐만 아니라 오늘의 발자취와 다가올 미래도 담을 여유와 포용력이 있어야 한다. 도시의 겉모습도 중요하지만 속모습이 아름답고 충실해야 품격 높은 도시가 될 수가 있다.

도시의 겉모습앞면과 속모습뒷면을 대비해보면, 전자는 화려하게 치장을 한 물리적 공간의 모습이나 권력, 자본의 위력과 가진 자 등 지배층이 중심이 되고 있다고 볼 수 있다. 반면에 후자는 화려한 치장과는 거리가 먼 순수하고 있는 그대로의 자연스러운 모습이다. 치장을 한 겉모습보다는 삶의 체취와 흔적이 느껴지는 속모습이며, 비록 가지지는 못했지만 무수한 일반서민들의 생동감 있는 삶의 모습이 주축이 된다.

따라서 전자에서보다 후자의 모습에서 도시의 진면목을 볼 수 있다. 가지지 못했기 때문에 삶이 힘들고 치열해질 수밖에 없으며 그런 가운데 삶의 애환을 체감할 수 있다. 하지만 지금까지 우리는 도시의 속모습보다는 겉모습을 중시하여 '화장빨 도시'를 만드는데 온갖 정성을 쏟아 왔다면 지나친 비약일까?

> Tips; 치열한 삶속에서 도시의 살아있는 모습을!
>
> 오래전의 일이다. 미국에서 귀한 손님이 오셔서 서울 구경을 하고 싶다기에 남대문시장으로 안내하였다. 시장입구에 들어서자마자 미국 손님은 눈이 휘둥글 해지고 의아스러운 표정을 감추지 못했다. 도시계획을 전공하는 미국 교수님은 남대문시장의 모습이 진정 도시의 참모습이라고 하였다.
> 남대문 시장 통로에서 리어카 위의 상품을 팔기 위한 상인들의 절규와 손짓, 발짓이 신기한 듯 한동안 정신없이 쳐다보며 흐뭇한 미소를 짓는 모습이 아직도 뇌리에 진한 감동으로 남아 있다. 그 뒤에도 가끔 통화할 일이 있으면 남대문시장 이야기를 빠뜨리지 않는다. 도시는 치열한 삶의 공간이다. 일상의 힘들고 치열한 삶의 모습은 애써 감추고, 반면에 그럴듯하게 화장을 하고 치장한 모습을 드러내 보이고 싶은 욕망에 사로잡혀 있지 않은지 우리 모두가 되돌아 볼 일이다.

도시도 화장化粧이 중요하긴 하다. 가만히 생각해보면 화장을 가장 잘 활용하고 실천하는 자가 바로 우리 인간이 아닌가! 화장하면 여성을 떠올리지만 실은 남녀구분이 없다. 요즈음은 남성들도 열심히 화장을 하고 있다. 자고 일어나고 세수를 하면서 이어지는 행동이 바로 화장이다. 본 바탕이 미흡할수록 화장술의 위력이 나타난다고나할까.

 필자가 대학에 다닐 때, 형님 댁에 기거하면서 형의 처제필자와는 사돈지간와 잠깐 함께 기거한 적이 있었다. 그런데 당시 집에서 가장 먼저 일어나는 사람이 사돈처녀였다. 일찍 일어나 언니 아침식사 준비에 도움을 주면 좋으련만 일어나자마자 화장에만 몰입하였다. 당시 정확하게 시간을 측정해 보지는 않았지만 1-2시간은 족히 소요된 듯하였다. 당시 사돈의 지나친 화장 모습에 주눅이 들었는지 모르지만 필자는 화장에 트라우마거부감를 가진 듯하다. 필자는 겨울이 되어야 밀크로션 정도만 바르고 그 이외에는 거의 얼굴을 위해 치장하는 것을 좋아하지 않는 습관이 생겼다.

 그런데 화장은 얼굴에 하는 것이니 모두 앞모습의 치장에 열심인 셈이다. 가만히 생각해보니 뒷모습을 위해 화장을 하고 치장에 심혈을 기울이는 것을 본적이 거의 없다. 앞이 있으면 뒤가 있고, 겉이 있으면 속이 있기 마련이고 앞과 뒤가 모두 중요한데 말이다.

 내면이 아름다운 사람은 앞모습의 화려함보다는 뒷모습이 아름다운 사람이다. 겉으로 드러나지 않는 내면의 모습이나 뒷모습을 아름답게 가꿀 때, 겉이나 외양의 모습은 한층 충실하게 가꾸기 마련이다. 즉 뒷모습이 아름다운 사람은 내면이 아름답기 마련이며, 내면이 아름다우면 앞모습은 더욱 아름다울 수밖에!

도시도 인간의 화장술을 빼어 닮았다. 그동안 대부분의 도시들은 뒷모습과 내면의 아름다움을 추구하기보다는 앞모습의 화장술에 몰입하였다고나 할까. 제인 제이콥스Jane Jacobs는 『미국 대도시의 죽음과 삶The Death and Life of Great American Cities』에서 화장빨의 도시를 만들려는 뉴욕의 도시정부에 반기를 들면서 뉴욕의 참 모습을 지키기 위해 치열한 삶을 살아가는 보통 사람들의 모습을 담고 있다.

특히 제이콥스는 개발론자 도시계획가인 모제스Robert Moses와 대척점에서 가난하고 젊은 예술인들이 모여 사는 소호지역을 지키기 위해 발버둥 친다. 제이콥스는 도시의 다양성과 삶의 체취를 느낄 수 있는 것을 중요시 한다. 덕분에 뉴욕시는 도시이면의 아름다운 모습을 지켜낼 수 있었다. 이것이 뉴욕시의 아름다움을 한껏 고양할 수 있는 바탕이 되고 있으며 지금도 뉴욕을 방문하는 사람들은 반드시 거쳐야 할 명소로 자리매김하고 있다. 달리 표현하면 지난날의 흔적이 오늘로 이어지고 미래로 나아가고 있는 중이라고 할까?

Tips; 제인 제이콥스Jane Jacobs vs 로버트 모제스Robert Moses

도시에 대한 모제스와 제이콥스 시각은 매우 대칭적이다. 모제스가 뉴욕시를 '화장빨 도시'를 만들기 위해 공권력을 행사하기에 여념이 없었다면, 제이콥스는 뉴욕시를 '이음의 공동체'로 만드는데 온갖 정성을 쏟았다. 뉴욕시에 이음의 공동체가 살아나하면서 뉴욕시는 세계의 경제수도로서 위상을 발휘하는 토대가 되었다고나할까?

맨하탄 고속도로Lower Manhattan Expressway건설과 관련하여 모제스는 이스트 리버East River에서 허드슨 강Hudson River을 잇는 8차선 고가 고속도로를 계획하였다. 그 도로가 완성되면 소호Soho와 그리니치빌리지Greenwich Village, 리틀 이태리Little Italy와 차이나타운Chinatown의 일부가 단절될 수밖에 없었고 1만 명의 노동자와 주민이 강제 이주해야 할 상황에 직면하였다.

이 계획이 표면화되자 제이콥스는 이 프로젝트에 대한 지역 사회의 반대 운동을 주도하였다. 그 과정에서 재개발이 아닌 재생을 주장하는 대안들이 등장하였다. 1962년 12월 열린 예산위원회 회의에서 모제스의 재건축 계획이 기각되어 고속도로 건설사업이 취소되었으며, 이들 지역이 잘 보전되어 오늘날 맨하탄의 명물로 자리하게 되었다.

로버트 모제스는 40년 이상 뉴욕의 도시계획 책임자였다. 모제스는 도로, 차와 장거리 통행자 위주의 대형 프로젝트에 초점을 두고, 도시는 계획적으로 개발해야 하는 것으로 간주하였다. 기존 낡은 건축물들과 저소득층 지역 거주지를 쉽게 슬럼이라 규정을 짓고 기차나 지하철 등 대량운송수단 철도와 교량, 고속도로 등으로 교체하여 기존의 거주자들을 쫓아내고 새로운 질서를 구축하려고 하였다. 자동차 중심으로 뉴욕 교통흐름을 개선하고 뉴욕을 떠난 백인들을 불러들이기 위한 고속도로 계획을 중점적으로 추진하였다.

반면에 제인 제이콥스는 다양하고 자연발생적이며 자발적인 것에서 도시의 가치를 찾고, 사람들의 사회적 교류를 위한 지역사회의 작은 공간에 초점을 두었다. 고속도로로 인한 공간의 단절보다는 사람들이 사용하는 공간이 우선임을 강조하였다. 그녀는 보행자의 안전을 위한 보행로는 필수적이며, 아이들의 사회화를 위한 공간의 사회적 통합 기능을 강조하였다. 제이콥스는 무질서하게 보일지 모르지만 피부로 체감할 수 있는 전통적인 지역모습에 사회적 가치를 두었다. 사람들의 생업과 일상생활의 터전인 주거지, 일터, 소매상권, 학교 등이 섞여있는 동네, 각기 다른 계층의 문화와 라이프스타일이 공존하는 "다목적" 형태의 도시모습을 선호하였다.

제이콥스는 이웃 사이의 마음이 통하는 사회적 상호 작용이 가능한 작은 공동체를 만들고자 한 반면에 모제스는 자동차와 이동에 우선순위를 둔 대규모 프로젝트를 새롭게 구상하는데 중점을 두었다. 제이콥스가 공동체에 대한 인식과 뚜렷한 역사 정신을 바탕으로 인생의 경험과 밀접한 관련을 맺는 장으로서의 도시를 상정한다면, 모제스는 중앙에서 계획한 비전에 따라 이동성을 중시하는 도시를 상정하였다. 제이콥스가 다양성이 넘치고 유기적이며 자발적인 도시를 꿈꾼다면, 모제스는 획일적이고 계획적인 도시를 선호하였다. 제이콥스가 생각하는 도시는 사람들이 존재하고 추억을 쌓아가며 사회적 상호 작용을 하는 장인 반면, 모제스가 생각하는 도시는 웅대한 비전에 따라 대대적으로 고속도로를 건설하고 그에 걸맞은 웅장한 건물을 지어 앙상블을 이루기 위한 도시를 중요시하였다. 제이콥스는 고속도로를 "들어갈 수 도 없고 나갈 수도 없는 도로"라고 비난하면서 "위대한 도시의 내장을 들어 낸 고속도로"라고 비난 하였다 출처 : Alabaster Cities에서.

우리의 도시모습은 어떨까? '화장빨 도시'로 가꾸기에 온갖 정성을 쏟았다면 지나친 표현일까. 앞서 프롤로그에서 살펴본 바와 같이 과거의 '궁정동 안가'는 '효자동 무궁화동산'과 '효자동 사랑방현재는 청와대 사랑채'이란 화장빨로 완전히 탈바꿈하여 흔적조차 사라져버렸다.

여기서 다시 한번 도시의 관문이며 얼굴격인 서울역에 관한 얘기를 소환해보자. 서울역 전면에는 전형적인 현대도시의 외양이 고스란히 드러난다. 높은 빌딩과 화려한 네온사인, 관공서, 대한민국 최대의 종합시장 등 대도시의 위용을 뽐내고 있다. 천만 명 대도시의 겉모습이 유감없이 드러나고 있다.

반면에 서울역 뒤편에는 전면의 모습과는 사뭇 다르다. 전면과 같은 높은 빌딩도, 관공서도 없이 초라하다. 그러다보니 전면은 드러내 보이고 싶은 모습이고 후면은 감추고 싶은 것이 아닌지? 그런데 이러한 현상은 비단 서울역의 모습만이 아니다. 부산역도 그러하고 우리나라 도시의 대부분의 역도 비슷한 처지인 듯하다.

수원에 살다보니 수원역도 예외는 아니다. 수원시민들은 수원역을 기준으로 동수원과 서수원으로 수원을 구분하고 있다. 역의 전면인 동수원은 서울역의 전면과 마찬가지로 현대도시의 모습을 유감없이 발휘하고 있는 반면에 후면인 서수원은 낙후지역의 전형적인 모습이다. 그러다보니 서수원지역 주민들은 늘 응어리와 한을 안고 있고 차별받고 있다는 불만을 나타낸다.

Tips; 서울의 서촌

서수원의 낙후성을 접하다보니 불현 듯 서울의 서촌이 스쳐온다. 서촌은 서울의 궁궐을 중심으로 서쪽에 위치하다보니 당시 북촌과는 대비되는 공간이며 권력의 중심과는 다소 거리가 있는 것으로 여겨지기도 한다. 서쪽이다 보니 떠오르는 해가 아니라 지는 해로 비쳐졌다고나할까? 그러니 서쪽은 자연히 하급관리나 서민들이 옹기종기 모여 사는 공간으로 자리한 것은 아닐 런지.

서울의 K종로구청장은 종로구 발전방안을 고민하다 서촌의 장소성을 확인하고 의미를 찾기 시작하였다. 장소의 역사성을 탐색하면서 충녕대군후일 세종대왕이 유년시절을 보냈다는 사실에 의미를 부여하면서 서촌을 다시 세종마을로 재탄생시키고 있는 중이다.

성군 세종대왕으로 부터 도시의 진정한 모습은 앞면에서 보다 뒷면에서 잉태될지도 모른다는 생각을 하게된다. 비약일지는 모르겠지만 만약 충녕대군이 궁궐에서만 갇히어 서민의 애환을 몸소 체험하지 않았다면 후일 민족 최대성군인 세종대왕이 되었을까 하는 의구심을 지울 수 없다. 인생은 바로 성장해온 환경과 경험의 산물이기 때문이다.

좋은 도시는 앞과 뒤, 동쪽과 서쪽, 겉모습과 속모습, 외양과 내양이 따로 따로 구분되고 차별되고 격차가 심화되기 보다는 두 측면이 서로 소통하고 조화롭게 하모니를 구축할 수 있는 도시라야 한다. 양자가 서로 어우러지고 융합이 이루어질 때, 도시는 양극단의 원색도시가 아니라 다양한 스팩트럼으로 무지개 같은 도시가 나타나게 되고 도시의 생명력은 한층 고양되기 마련이다.

도시는 생명체며 유기체이다. 생명체가 건강하기 위해서는 속이 튼튼해야 한다. 인체에 비유하면 오장육부가 튼튼해야 건강해진다. 속에 탈이 났는데 겉모습을 그럴듯하게 포장한다고 해서 그런 겉모습이 오래 지속될 수 없다. 도시도 마찬가지다. 도시내면의 모습이 튼튼해야 겉모습의 치장, 즉 도시의 화장빨이 제대로 먹히기 마련이다. 화장빨이 제대로 먹히는 속이 꽉 찬 도시를 만들어야하지 않겠는가.

Tips; 철도와 철도역의 이중성

　도시발전과 관련하여 철도와 철도역은 이중적 지위를 지닌다. 하나는 지역과 지역을 이어주는 연결의 수단이지만, 다른 한편 도시내부 공간차원에서는 지역격차를 조장하는 역할을 하기도 한다. 특히 미국 도시들에 있어서는 철도/철도역을 기준으로 인종문제들까지 연결되기도 한다.
　역의 전면에는 전문직종과 고소득층, 도시의 밝은 모습이 주종을 이루지만 역의 뒤편에는 도시의 어두운 모습과 저소득층, 흑인 등 마이너리티들의 집합거주지가 형성되는 것이 일반적이다.
　대표적인 도시들이 피츠버그Pittsburgh, 하트포드Hartford, 탬파Tampa, 워싱턴 D. C.Washington D.C., 세인트 루이스St. Louis, 버팔로Buffalo, 디트로이트Detroit, 밀워키Milwaukee 등이다(아래 사진 1-1 참조). 앞서 서울역과 수원역의 사례를 통해서 살펴본 바와 같이 우리나라에서도 비슷한 현상이다.

〈사진 1-1〉 철도와 철도역으로 인한 도시격차 현상: 미국 코네티컷주 하트포드시

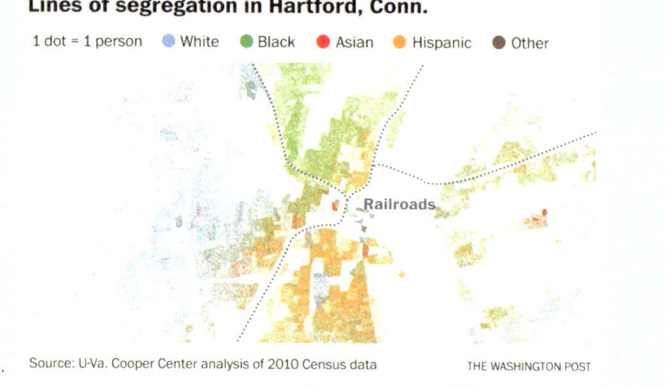

• 무엇이 도시를 만드나? : 과거는 권력이, 오늘은 표심이!

인간의 창조물인 도시!
자연발생적인 도시가 있는 반면에
인간의 강력한 계획적 의지에 만들어진 도시도 있다.
서울과 수원은 어떻게 탄생되었나?
그럼 오늘의 도시는 무엇이 만들지?

이제 서울은 세계적인 도시가 되었다. 서울의 옛 이름인 한양은 어떻게 탄생되었을까? 권력쟁취를 위한 수단으로 만들어진 도시가 바로 한양이다. 개성을 기반으로 하는 고려를 역성혁명으로 전복하고 1392년 조선을 건국한 이성계의 야망에 의해 탄생한 도시가 서울이다. 이성계의 야망에 불을 지른 이가 바로 정도전이다. 이성계의 책사인 정도전은 왕권의 교체에 따른 고려 말 지배계층으로부터의 불안을 해소하고자 천도계획을 태조 이성계와 논의·준비하였다.

당시 주위의 반대에도 불구하고 무학대사와 신진사대부의 힘을 바탕으로 한양천도를 추진하였다. 일설에 따르면 태조가 정도전과 함께 인왕산에 올라 현재의 경복궁일대를 내려다보고 용의 눈이 보이는 신비한 터라고 여겨 궁실을 짓기로 하였다고 한다.

하지만 오늘날 물리적인 서울을 실제로 만든 주인공은 따로 있다. 바로 박자청朴子靑이다. 요즈음 서울시로 간주하면 토목기술자 또는 기술부시장에 해당한다고나 할까? 원래 박자청은 경상도 유수가문의 가신으로 일했는데, 태조가 역성혁명을 일으키자 박자청도 따라와서 호위무사를 하게 되었다. 군인의 충직함이 태조의 눈에 띄기 시작하여, 군인출신의 경험으로 도성건설 및 성벽 쌓는 일을 지휘하게 되었다. 이를 계기로 기술자로서의 진면목을 발휘하였으며 태종의 총애를 받기까지 하였다. 박자청은 한양을 만든 공로로 공조판서오늘로 치면 국토교통부장관에 이르렀다. 당시 판서요즈음의 장관 중에 연임한 판서가 거의 없었는데 박자청이 거의 유일하게 공조판서를 연임한 기록을 세웠다고 한다신영훈, 4-7.

그는 태조와 정도전의 뜻에 따라 왕권을 안전하게 지키기 위하여 성곽도시를 설계하였다. 이것이 바로 오늘날 서울 4대문을 중심으로 한 성곽城郭도시, 한양의 출발점이다. 당시의 지배계층은 외침外侵을 막는 것은 성城이 토대가 되는 것으로 간주하였기에 성곽城郭도시가 만들어진 까닭이기도 하다사진 1-2 참조. 비록 이는 우리나라만 그런 것이 아니라 외국의 오래된 도시고도: 古都들은 거의 성곽도시가 기반이 되고 있음에서도 확인되고 있다.

반면에 오늘날 수원시의 토대가 되는 화성은 효심을 위한 도시로 탄생하였다사진 1-3 참조. 1762년 윤5월 아버지 사도세자思

悼世子; 후일 장헌세자로 존호를 바꿈를 잃은 정조대왕은 양주 배봉산현 서울시립대 뒷산에 모셔져 있는 아버지를 당시 수원부 읍치로 모시기이장 위해 화성을 만들기로 계획하였다.

 선친사도세자의 불행한 죽음을 기리고 참배하기 위하여 정조대왕의 뜻에 의해 다산 정약용이 기본골격을 잡고 화성건설의 진두지휘한 인물은 한성부판윤과 의정부 영의정오늘의 국무총리을 지낸 채제공이었다. 그는 후일 초대 화성유수부의 장으로 부임하였다. 오늘로 치면 서울시장과 국무총리를 지낸 인물을 초대 화성유수부의 장으로 임명하였으니 화성에 대한 위상을 가늠해 볼 수 있다. 당시 정조대왕은 한양과 화성을 동급으로 간주하였다.

 이는 정조가 아버지 사도세자에 대한 효심과 연민이 남달랐음을 알 수 있다. 1794년 1월 화성성역華城城役이 시작되어 1796년 10월 화성성역이 낙성되어 탄생한 화성은 우리나라 최초로 국왕의 강력한 의지에 의해 만들어진 계획도시인 셈이다. 그래서 흔히 수원을 우리나라에서 최초로 만들어진 신도시/계획도시라고 지칭하는 까닭이기도 한다.

 그동안 한양은 세계적인 도시, 서울로 재탄생하였다. 하지만 수원은 오랜 역사적 숨결을 지닌 채 정조대왕의 아버지를 기리는 숭고한 정신이 얼마나 계승되고 있는지? 아직도 베일에 감추어져 있다고나 할까?

한양과 화성에서 보듯이 과거의 도시가 성곽城郭을 중심으로 한 권력으로 탄생한 도시라면 그럼 오늘의 도시는 어떻게 만들어 질까하는 생각이 들었다. 바로 유권자의 '표표심'가 아닐까. 얼마 전 서울시장과 부산시장 등을 선출하는 4.7보궐선거가 실시되면서 '표'가 될 성 싶으면 수단과 방법을 가리지 않는 정치권의 행태가 국민들의 맘을 불편하게 하였다. 우리 속담에 '죽은 자식 ○○ 만지면 죽어서도 다시 살아난다'라고 한다. 표가 급하니 확장계획·진행 중인 '김해공항'이 갑자기 사라지고 이미 죽어버린 '가덕도 신공항'소요예산 28조원을 느닷없이 다시 살리고 KTX 같은 속도처럼 유례없이 신속한 입법행위도 서슴치 않았다.[1]

가히 오늘의 도시를 만드는 힘으로서의 '표'의 위력을 실감하는 순간이었다. 카우프는 도시는 인간의 창조물이라고 하였다. 결국 좋은 도시를 만드는 것은 당대를 살아가는 사람들의 몫인 셈이다. 이번 보궐선거는 좋은 도시를 만드는데 '표표심'가 얼마나 중요한지를 일깨워주는 계기가 되었다. 앞으로 좋은 도시를 만들기 위해서는 유권자들의 한 표 한 표가 얼마나 소중한지를 깨달았으면 하는 바람이다. 정리하면 한양서울은 권력이, 수원은 효심이 만든 도시, 오늘의 도시는 바로 표심이 만든 도시라고 할 수 있다.

---

[1] 급하게 공청회를 개최하고 20일 만에 국회를 통과한 가덕도 신공항 관련 법률안은 거의 유래를 찾을수 없도록 속전속결로 법안이 강행처리하였다(한국경제, 2021. 5. 19).

〈사진 1-2〉 서울성곽의 야경: 대학로 낙산공원 주변 모습

출처 : https://blog.naver.com/kater0987/220677669510

〈사진 1-3〉 화성(수원)의 모습

자료 : 수원시

Tips; '화성시에는 화성이 없고, 수원시에는 옛수원이 없다'

'화성시에는 화성이 없고, 수원시에는 옛수원이 없다'란 말이 있다. 원래 수원도호부였으나 정조가 선친인 사도세자를 기리기 위하여 화성축조를 지시하고 정조17년1793년 수원도호부를 화성유수부로 승격하였다. 1789년 7월 양주 배봉산에 있던 장헌세자 원침園寢 영우원을 당시 수원부 읍치 팔달산 동쪽의 자리로 천봉 단행하였으며, 나중에 영우원의 명칭을 현륭원으로 개칭 사도세자 묘소顯隆園-현재는 隆陵를 화성으로 이전하였다, 정조는 왕도王都에 버금가는 별경別京의 위상으로 축성할 계획을 초기부터 가지고 있었던 것임을 엿 볼 수 있다.

조선 역사에서 선왕도 아닌 사친私親의 원침園寢에 매년 1-2차례씩정조 13년 이후 총 13회, 3~5일의 여정으로 행차한 경우는 정조가 유일하다. 당시 근교도 아닌 원거리에 있는 사친의 원침을 대단히 빈번히 오갔다는 점에서 매우 특별함을 알 수 있다. 잦은 행차로 사도세자와 현륭원의 중대한 위상을 각인시키는 효과가 있었다. 화성은 여타의 유수부보다 한 등급 높고, 국도國都인 한양에 버금가는 '별경別京'의 위상을 가진 도시로 해석된다.

1895년 고종32년 23부제 실시에 따라 화성유수부는 폐지되고 수원군으로 개칭되어 오늘에 이르고 있다. 현재 화성은 1997년 유네스코 세계문화유산에서 성곽castle만 군사건축물로 지정되어 있다. 화성을 축조한 정조는 1752년 9월 탄생하였으며, 1776년 3월 즉위하여 1800년 6월 서거하였다.

출처 : 수원화성-역사적 의미, 유봉학; 정조대 수원 화성의 성장과 한말 근대 수원의 형성, 최성환; 수원시정연구원 수원시민자치대학 2017. 10.

• 서울 지하철은 왜 꽈배기굴이 되었나?

관료공무원들은 누구를 위해 일을 하나?
조직기관을 위해서, 아니면 사회와 국가, 국민을 위해서?
잘못된 기관이기주의로 인해
이 사회가 지불하지 않아도 될 비용을 계속 부담해야하나!

오늘날 지하철이 없는 대도시를 상상하기는 어렵다. 가장 중요한 시민의 발인 셈이다. 서울도 예외는 아니다. 1974년 8월 15일 지하철 1호선이 들어선 이후 현재 서울시가 주도적으로 운행하는 것만 하더라도 9개의 노선이 운행 중에 있다. 지하철 노선을 찬찬히 들여다보면 일반상식으로는 이해되지 않는 현상이 곳곳에 포진하고 있다. 무슨 사연 때문일까?

지하철 건설에는 엄청난 초기투자가 요청되는 사업이다. 여기서는 1m에 약 1억, 10km에 1조원이나 되는 천문학적인 예산이 투입된 3호선과 4호선의 건설과 운영에 얽힌 이야기들을 소환해보자. 서울 지하철 3호선과 4호선은 1980년 2월 29일 동시에 공사를 착공하여 1985년 10월 18일 전 구간을 동시에 개통하였다.[2] 같은 날짜에 착공하여 개통한 3, 4호선의 운영형태

---

2) 서울지하철 3, 4호선은 착공일(1980. 2. 29)은 같으나 일부구간이 시차를 두고 개통되었다. 4호선 상계-한성대입구 구간은 1985. 4. 20 먼저 개통되었고, 약3개월 뒤 3호선 구파발역-독립문역 구간이 1985. 7. 12 개통되었다.

는 서로 다르다. 3호선은 '수서~대화' 구간으로 모두 우측 통행 방식이고 전력공급방식도 1500V 직류방식을 채택하고 있다.

그런데 같은 시기에 건설된 4호선의 '장암~오이도' 구간에서 서울시 구간 장암~남태령은 우측통행방식에 1,500V 직류방식을 사용하고, 철도청 현재 코레일 관할의 '선바위~오이도' 구간은 좌측통행방식에 전력은 25,000V 교류방식을 사용하고 있다. 즉, 남태령~선바위 구간에서 좌·우측 통행방식이 교차 '꽈배기굴' 하고 직류와 교류 간의 전환에 따라 절연구간이 존재한다. 이 구간에서는 전기공급이 중단되고 경사도와 관성의 법칙 및 비상자체동력 배터리: battery을 활용하여 운행하는 기이한 구조로 되어 있다 그림 1-1 참조.

지하철 4호선 건설 시 서울시는 우측통행방식을, 철도청은 좌측통행방식을 고수하여 합의점을 찾지 못하여 X자 교차터널 '꽈배기굴'이 탄생하였다. 그런데 동시에 착공과 준공이 이루어진 3호선과 4호선이 왜 전력공급방식이 상이한지가 궁금하지 않을 수 없다. 이유인즉 당시 4호선을 감사한 감사원의 예산 낭비 지적에 따라 3호선은 서울시 방식대로 통행방식과 전력공급방식을 통일하여 직류 1,500V, 우측통행방식으로 건설하게 되었다. 이미 4호선 철도청 구간인 당시 안산선은 공사가 너무 진척되어 우측통행방식으로의 전환이 어려운 상황이었다는 것이 당시 국토교통부와 협상을 주도적으로 이끌었던 서울

시 L국장의 회고였다.[3]

Tips; 지하철 얼마나 알고 이용하십니까?

문제 1) 지하철 통행방식은? (   )
 ① 우측통행, ② 좌측통행, ③ 좌측 또는 우측통행

문제 2) 지하철 공급전력의 전압(V)은? (   )
 ① 1,500(V), ② 25,000(V), ③ 1,500(V) 또는 25,000(V)
★ 정답은 본문에!

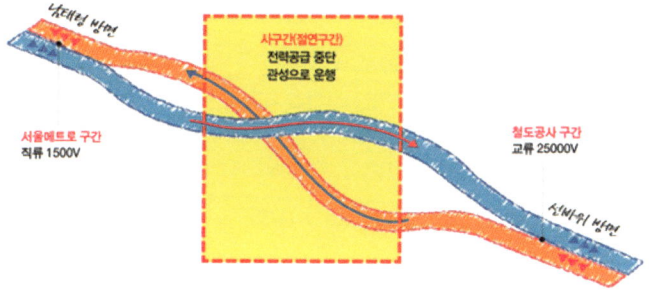

〈그림 1-1〉 서울지하철 4호선 꽈베기굴 모습(남태령 지하구간)

삽화출처 : https://librewiki.net/wiki/%ED%8C%8C%EC%9D%BC:%EA%B-D%88%EB%B0%B0%EA%B8%B0%EA%B5%B4.jpg

---

3) 당시 3, 4호선 건설과 관련하여 국토교통부와 서울시 간 이견조정을 위한 업무협의에 참여한 서울시 L국장은 국토교통부를 비난하였으며 양기관간 업무협의시마다 엄청 스트레스를 받음을 토로하였다. 아마 이는 국토교통부 입장에서도 비슷하지 않았을까 추측된다.

'꽈배기굴' 못지않게 전력공급방식직류와 교류의 상이함으로 인한 문제도 있다. 전력공급방식은 지하철 1호선 출발 때부터 문제가 되었다. 당시 서울시와 건설교통부 간 노선운행방식좌·우측 통행과 전력공급방식직류 1,500V와 교류 25,000V을 두고 협상을 벌였다. 서울시는 좌측통행을 주장하는 건교부안을 받아들이고 대신에 1호선 지하구간서울역-청량리역의 전력은 직류1,500V로 하고 지상구간은 건교부 주장대로 25,000V로 하여 지금도 지하구간에서 지상구간으로 나갈 때 절연단전현상이 발생한다.

Tips; 좌측통행과 우측통행

오늘날 철도는 크게 도시철도와 지역 간 철도로 구분하고 있다. 철도는 원래 지역과 지역을 이어주는 지역 간 교통수단이었다. 우리나라 최초의 철도는 미국인 모스R. Morse에게 철도 부설권이 부여되어 1899년 9월 18일 개통한 서울당시 경성과 인천을 연결하는 경인선이었다. 1900년 7월 8일 경인철도합자회사가 만들어졌으나 이는 1906년 일본으로 소유권이 넘어갔다. 이후 철도는 일본의 영향아래 놓였으며 철도를 좌측통행방식으로 운영하던 것이 해방이후 그대로 이어져 오늘에 이르고 있다.

1945년 해방이 되면서 우리나라는 미국의 영향을 받게 되면서 차량은 우측통행방식을 택하였다. 한국이 산업화를 거치면서 도시인구가 폭증하면서 서울에도 지하철이 등장하게 되었고, 우측통행방식으로 자리하게 되었다. 드디어 우리나라도 도시철도 시대를 맞이하게 된 것이다. 도시철도와 지역 간 철도의 운영특성에 따라 전력사용직류와 교류상의 에너지 효율이 달라진다는 의견이 제기되기도 한다. 특히 도시철도는 잦은 정차와 출발을 반복해야하는 관계로 직류가 바람직하다는 주장이다.

'꽈배기굴'은 하드웨어 구조뿐 아니라 전력공급방식이 서로 다름에 따라 차량제작1,500V → 25,000V으로 승압 및 25,000V → 1,500V으로의 감압 방식도 달라져야 하므로 엄청난 추가비용이 발생할 뿐만 아니라 심리적으로 지하철 이용승객에게 불안감을 야기하는 요인이 되고 있다. 당시 지하철 차량 1량은 평균 약 10억 원이 소요되어 승압 및 감압장치 설치할 경우 약 20%의 추가비용이 발생하였다고 한다.

2020년을 기준으로 지하철 차량 1량의 구입가격이 13.4억인데 승압 및 감압장치 설치 시 최소한 1억 이상의 추가 비용이 발생한다철도경제, 2020. 7. 2. 초기에 잘못 끼워진 단추로 인해 차량교체시마다 계속 추가비용을 후대가 지불해야 하는 양상이다.

왜 이러한 기이한 현상이 벌어지고 있을까? 관료들의 조직이기주의를 감시하는 기능의 부재로 인하여 현재 뿐만 아니라 앞으로도 계속 그 피해차량제작시마다 추가비용 발생를 고스란히 우리가 떠안아야만 하는 실정이다.

Tips; 직류와 교류

 우리가 일상적으로 매일 사용하고 있는 전기이지만 직류와 교류가 어떤 차이가 있는지는 잘 모르고 지낸다. 매일 이용하는 지하철이 노선에 따라 직류도 있고 교류가 있다고 하니 의아스럽다.

직류 : 항상 일정한 방향으로 흐르는 전류. 장점은 송전 손실이 적다. 얇은 케이블로도 고용량 송전 가능하며, 전자파가 교류에 비해 덜 발생한다. 직류전기는 에디슨이 최초로 발명하였다. 직류전기 개발초기에는 2마일 이상 송전에 어려움이 있었으나, 이제 직류도 반도체 기술이 개발되면서 원거리 송전이 가능해졌다. 최근 직류의 원거리 송전이 가능한 기술이 더욱 발전되었다. 태양광, 수소연료전지 등 신재생에너지도 직류형태로 전기를 생산하고 저장이 가능해졌다.

교류 : 교류는 1초에 50~60번씩 전류흐름이 바뀐다. 특징은 전압을 쉽게 조정할 수 있으며, 고도의 반도체 기술이 없어도 설치 및 운영이 가능하다는 점이다. 니콜라 테슬라가 개발한 교류는 변압기를 이용해 쉽게 전압을 높일 수 있어 멀리까지 송전이 가능한 장점이 있다. 반면에 교류는 직류에 비해 상대적으로 많은 전자파를 발생함으로 고층 송전탑과 송전 시 두꺼운 피복을 입힌 전선케이블이 필요하다. 1974년 8월 지하철 1호선 개통 초기 1호선 주변에서는 고압전류로 인한 전자파문제로 많은 민원이 제기되기도 하였다.

또한 지하철 9호선을 건설하면서 국회의사당 지하를 관통하는 문제로 국회와 서울시간 갈등이 표출하였다. 국회는 신성한 국회를 지하관통하는 것은 불가능할 뿐만 아니라 세계 어느 국가에도 없다면서 설계변경을 요구하였다. 반면에 당시 서울시 김○○ 부시장은 일본 의사당은 지하철 4개 노선이 지나고 있고, 영국은 2개 노선이 지나고 있는 것처럼 선진국에서도 흔한 일이라고 항변하였다. 서울시 의회도 국회의 처사를 비난하면서 언론의 집중조명을 받기 시작하였다매일경제, 2002. 6. 28. 우리나라 입법기관인 국회와 지방의회서울시 간 갈등으로 비화되는 조짐을 보이자 결국 국회가 노선변경요구를 철회하면서 마무리되었지만 자칫하면 국회의사당역이 사라질 뻔하였다.

만약 지하철 3호선과 4호선 건설1985년 당시에 지방자치제가 부활지방의회구성: 1991년되고 민선자치단체장1995년체제가 등장하였다면 '꽈배기굴'과 같은 모습이 가능했을까 하는 의구심이 든다. 상식적으로 이해가 되기 어려운 지하철 통행방식과 전력공급방식에 관한 문제가 공론화과정을 거치게 될 것이 뻔하며 그런 과정에서 비상식적인 대안을 가지고 고집을 부리는 것이 용납되겠는가. 이는 지방자치제 실시 이후 지하철 9호선이 국회의사당 지하를 관통하는 문제를 둘러싼 국회와 서울시 간의 갈등이 쉽게 매듭이 지어진 현상에서도 지방자치제도의 순기능이 증명되고 있다.

 그동안 국민과 주민들은 뒷전인 채 관료들의 조직 할거주의 및 기관 이기주의에 기반한 밀실에서의 협상결과로 국가와 사회가 치르는 대가가 얼마나 될지? 오래 전 지나간 일을 되짚어 보는 까닭은 정보의 공개가 얼마나 중요하고 필요한지를 강조하기 위해서이다. 과거보다 정보가 많이 공개되고 있기는 하지만 아직도 '정보 비공개란 명목'으로 음지에서 각종 자원을 낭비하고 있는 일이 적지 않게 노출되고 있기 때문이다. 대명천지에 또다시 '꽈배기굴'과 같은 전철을 밟아서 될 일인가? 여전히 적극적인 정보공개와 시민을 위한 선출직 공직자들의 자세가 중요함을 일깨워주고 있다.

• **서울 지하철 9호선 급행노선 탄생의 비밀**

웬만한 대도시에는
지하철은 필수적인 대중교통이다.
지하철 노선수가 많아지다 보니
완행과 급행도 함께 등장하는데 -
자칫하면
서울시 지하철 급행노선은 존재조차 없을 뻔했는데
구사일생으로 회생!
어떻게?

시민들은 도시정부가 제공하는 각종 편의시설을 당연한 것인 양 여기며 살아가고 있다. 도시로 사람이 모여들면서 도시란 공간은 팽창일변도로 나아가다보니 공간분리현상일터와 쉼터의 분리 등이 심화되었다. 공간분리의 심화는 불가피하게 공간과 공간의 이어짐을 갈망하게 되었고 지하철이 해결책으로 등장하였다. 지하철은 저렴한 가격으로 단절된 공간을 가장 편리하고 빠른 속도로 이어주는 도시민의 발이다.

지하철과 같은 중요한 사회기반시설SOC은 엄청난 자원의 투입과 땀의 결정체이다. 그만큼 지하철 건설은 계획이 치밀하고 제반요소를 철저히 고려해야 하는데 서울시 지하철 9호선에서 자칫하면 급행노선이 사라질 뻔하였다. 지금도 되돌아보면 아찔한 순간이었다고나 할까?

　필자가 서울연구원에서 연구활동을 했던 1990년대는 우리나라 행정수준을 2류 또는 3류 행정으로 치부하던 시절이었다. 그래서 필자는 당시 2-3류 행정을 벗어나기 위해 선진도시들을 벤치마킹하면서 우리나라 도시실정에 부합하는 아이디어 창출에 심혈을 기울였다. 그 즈음에 지방자치제 부활이후 초대 민선시장인 조순시장님으로부터 갑자기 서울시 정책기획관으로 부름을 받았다. 서울시에서 정책기획관 보직은 전통적으로 외부에서 민간전문가를 충원하여 운용하는 자리였는데 조순시장님은 1995년 6월 당선직후 내부 관료를 보임하였는데, 1997년 4월 다시 외부 전문가를 영입하는 것으로 방향을 잡고 뜻밖에 본인이 그 자리로 가게 되었다.

　1997년 4월 정책기획관으로 보임이후인 5월에 조순시장님을 뵙고 지하철 9호선 건설과 관련한 이슈를 제기하였다.[4] 당시에는 서울시 지하철 8호선까지 공사가 거의 마무리단계에

---

[4] 서울연구원에서 연구업무를 수행하다가 갑자기 집행부 공무원이 되어 정책수립 및 집행을 하다가 보니 연구원의 아이디어가 매우 긴요하였다. 정책기획관 업무를 수행하면서 연구원 박사들과 수시로 소통하면서 새로운 아이디어를 시정에 접목하기 위해 노력하였다. 그 일례로 지하철 9호선과 관련하여 연구원의 K박사와 잦은 의견교환을 하였고 9호선의 급행도입 필요성에 공감하였다. 연구원에서의 연구가 연구를 위한 연구가 아니라 살아있는 연구가 되어 시정발전에 직접 기여할 수 있는 계기가 될 수 있는 통로가 서울시 정책기획관이란 자리임을 실감하는 계기가 되었다.

있어 향후 지하철 건설물량은 소진상태에 직면하였다. 이제 남은 것은 유일하게 9호선서울시 - 하남시 구간 37.5km, 76분 소요예상이었다. 지하철건설은 민간건설회사의 일감과 직결되어 있었다. 당시 지하철건설 비용은 1m당 약 1억 원으로, 1km당 1,000억 원이 소요되었다. 10km이면 1조원 공사이니 건설회사 입장에서는 매우 중요한 일감이었다.

당시 지하철 9호선 노선설계가 한창 진행 중이었기에 불현듯 일본 동경을 방문하면서 나리따공항에서 동경시내로 지하철을 탄 경험이 스쳐왔다. 한번은 완행을 탄 경험이고 다른 한번은 급행을 이용한 경험이었다. 완행을 타다가 급행을 타보니 약 30-40여분가량의 시간이 절약되고 편리하였다. 이후부터는 동경을 방문할 때마다 급행을 이용하게 되었다. 당시에 9호선은 기점 인 김포공항에서 출발하여 여의도, 강남고속터미널, KOEX, 잠실을 거쳐 하남시를 종점으로 계획되었다. 서울시의 기점은 김포공항역이지만 9호선은 국제공항인 영종도인천 공항철도와 연결되는 노선이었다.

9호선은 영종도인천공항 - 김포공항역 - 하남시로 이어지는 노선으로 서울시구간에서는 주로 88올림픽 도로와 나란히 하는 노선이었다. 이 노선은 국제공항과 연결되는 노선이기에 가능한 한 빠른 시간 내에 승객들을 목적지에 도달하기 위해 지하철 1~8호선과 교차하는 13곳을 중심으로 총 32개역을 만들기로 하였다.

이러한 계획이 알려지자 9호선 노선이 지나가는 인근주민들과 해당지역 정치인들의 자기지역구에 역을 만들어 달라는 민원들이 봇물처럼 터졌다. 할 수 없이 설계초기보다 6개역이 추가되어 총38개역으로 늘어나게 되었다. 빠른 시간 내에 공항 승객을 목적지에 도달시키고자하는 초기의 계획에 차질을 빚게 되었다. 역의 수가 늘어나게 됨에 따라 9호선도 1~8호선 지하철과 같이 역마다 정차하는 완행'똑딱철'으로 운명이 바뀌게 되었다.

또 다른 문제는 김포공항역에서 공항철도와 9호선 간 환승하는 문제였다. 9호선은 서울시가, 공항철도는 철도청이 각자의 입장에서 각각 독자적으로 설계하면서 도시철도를 이용하는 고객에 대한 배려는 애써 외면하는 모양이었다. 초기 환승역 설계는 기존의 일반 환승역과 마찬가지로 상당한 거리를 걸어가서 환승하도록 설계가 되어 있었다. 당시 김포공항역 일대는 개발이 전혀 이루어지지 않았으며 특별한 장애물이 없는 허허벌판의 농경지였음에도 불구하고!

Tips; 9호선 급행노선의 탄생과정은?

　원래 9호선은 역마다 정차하는 완행똑딱철으로 설계되었다. 조순 시장님을 찾아뵙고 9호선에는 반드시 급행노선 도입의 필요성을 설명하고 건의하였다. 더불어 환승역에 관한 문제도 제기하였다. 이어서 시장님의 지시로 당시 H 지하철건설본부장 및 관련 간부들을 긴급소집하여 9호선에 급행노선의 도입과 관련한 논의를 하였다.
　이 당시 처음에는 지하철건설본부장은 난색을 표명하였다. 이유인즉 이미 9호선은 노선이 확정되어 실시설계에 들어가 있어 설계변경이 이루어지면 공사가 지연되는 등 어려움이 있다는 것이었다. 이어 몇 차례 회의를 거쳐 급행노선의 도입을 확정지었다. 당시에는 아직 공사가 착공된 것도 아니었는데 선뜻 이해가 되지 않았다.
　이어서 9호선의 설계변경에 들어갔다. 복선선로로 설계하기에는 공사지연도 길어질 뿐만 아니라 공사비도 워낙 증가하는 관계로 대안으로 마련한 것이 역사에 급행이 통과할 시 완행이 대피할 수 있는 대피선로를 마련하는 설계안으로 변경되었다.

　당시 9호선 설계변경 문제에 있어서 지하철 건설 관련부서의 이의 제기가 있었는데, 이유는 다른데 있었다. 당시 지하철 1~8호선 공사가 거의 끝나6호선과 8호선은 1995년, 7호선은 1996년 10월 공사가 끝남 지하철공사의 유일하게 남은 수주물량이 9호선이었는데 설계가 변경되면 최소한 반년이상은 공사가 지연될 수밖에 없으며, 이는 건설회사들에게는 치명적이었다. 그동안 지하철 건설에 소요·투입된 인력과 장비들이 한동안 사용할 수 없는 상황에 직면하였다. 지하철건설본부장은 해당업계의 업황을 무시할 수도 없었기 때문이었다.

환승역김포공항역과 관련하여서는 공항철도는 당시 철도청이, 9호선은 서울시가 각각 건설하다보니 시행주체 중심으로 의사결정이 이루어지는 구조라 환승역을 이용하는 고객의 입장은 뒷전인 체 해당기관의 편의에 따라 일이 진행되었다. 이른바 기관이기주의적 시각 중심이었다. 환승역을 건설할 부지에 기존의 건물이 있는 것도 아니며 허허벌판에 새로이 역사를 지으면서 환승객이 장거리를 걸어서 이동하면서 환승하는 환승역을 건설하는 것은 상식적으로도 이해가 되지 않았다.

이러한 문제를 제기하여 두 기관이 협의하여 접점을 찾은 것이 공항철도와 9호선이 같은 플랫트폼에서 내려 바로 환승할 수 있는 현재 9호선의 모습으로 탄생하였다. 하지만 두 기관 간 도시철도 전력사용방법과 좌우측 통행방식의 통일은 결국 이루어지지 않았다. 이는 아직도 잔존하고 있는 기관이기주의적 행태 이외에는 달리 설명하기 어렵다.

또한 9호선 차량기지는 하남시로 계획을 하였는데, 하남시는 지하철 차량기지를 님비시설로 간주하고 해당지역 주민들은 심하게 반발하였다. 하는 수없이 서울시는 하남시 차량기지안을 변경하였고, 이로 인해 하남시는 2021년 3월까지 지하철 대중교통의 사각지대로 남게 되었다.

이와 비슷한 현상은 7호선 건설에서도 나타났다. 당시 초기계획안은 의정부 장암동 166-2번지 일원에 차량기지를 건설하는 것으로 하였다. 의정부시는 차량기지 건설에 따른 기회비용종합위락시설 '피터팬 월드' 건설로 인한 예상수익과 의정부 경전철건설비용 부담 등의 요구와 주민들의 반발로 한동안 난산을 겪다 중앙정부의 조정과 협상을 거쳐 요구금액을 일부 조정하여 어렵사리 해결을 하였다도봉차량기지. 이후 의정부는 지하철로 서울시와 연계가 원활하지 않아 민자유치를 통한 의정부경전철을 도입하면서 많은 시행착오와 어려움에 직면하였다.

서울시 지하철건설이 인접 지방자치단체와 주민들의 이해관계에 매몰됨으로써 지역발전을 위한 동력을 놓치는듯하여 안타까움을 지울 수 없었다사진 1-4 참조.

Tips; 지하철 7호선 차량기지건설관련 의정부시의 비용부담요구
내용 및 관련공문

〈사진 1-4〉 지하철 7호선 차량기지건설관련 의정부시의
비용부담요구 내용 및 관련공문

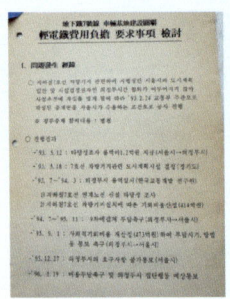 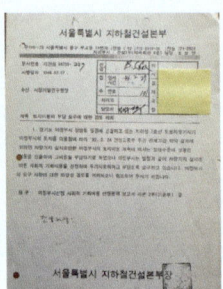 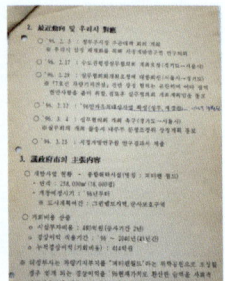

　지하철 9호선 급행노선사진 1-5 참조 도입과 관련하여 도시정책 수립에 의미있는 시사점을 얻을 수 있었다. 첫째는 정책결정에 타이밍이 매우 중요함을 실감하는 순간이었다. 만약 당시에 9호선의 진행상황을 점검하지 않고 놓쳤거나 이를 시장님께 제때 보고하지 않고 기존 정책의 방향을 수정할 수 있는 기회를 놓쳤다면 어떻게 되었을까? 만약 실시설계가 끝나고 공사가 착공되어 상당한 정도로 진행되었더라면 9호선의 급행노선은 탄생하지 않을 뻔하였다.

　둘째는 기술직 공무원과 일반행정직 공무원의 업무특성을 확인할 수 있는 좋은 계기이기도 하였다. 공공부문의 토목공사는

민간 건설업과 밀접하게 연관되어 있기 때문에 단순히 행정적 시각만을 고집할 수 없는 점도 이해할 수 있는 토대가 되었다.

셋째는 지하철 차량기지가 과연 님비시설인지 되돌아보는 계기가 되었다. 해당 지역 주민반발로 서울시가 계획한 초기 지하철 차량기지안을 거부함으로 결국 해당지역은 지하철 사각지역으로 남게 되었다. 이후 해당지역은 다시 지하철을 해당지역으로 끌어들이기 위해 갖은 노력을 경주하였다.

넷째는 뿌리 깊은 관료들의 집단이기주의가 아직도 공고하다는 사실이다. 허허벌판에 새로이 역사를 지으면서도 공항철도와 지하철9호선이 고객의 입장에서 환승문제를 해결하지 못하고 겨우 플랫폼에서 갈아타도록 접점을 찾았다는 것이다. 결국 이 문제는 다시 최근 이슈가 제기되고 있다. GTX-D노선설계와 관련하여 "공항철도·서울9호선 직결… 동상이몽 탓 21년째 제자리걸음"이란 기사사진 1-6 참조. 중앙일보, 2021.5.25.가 주목을 받고 있다. 직결하려니 직류1,500V와 교류25,000V 간의 전력 공급방식의 상이함과 이에 따른 차량제작상의 문제후술 등이 다시 재등장하고 있다. 1997년 양 기관이 서로 양보하여 첫 단추를 잘 꿰었더라면 추가로 부담하지 않아도 될 비용세금이다.

마지막으로 인위적인 요인에 의하여 이음이 단절로 나타났다는 사실이다. 교통의 본래적 기능은 지역과 지역 간 이음에 있다. 기점에서 승차하면 종점까지 중단없이 이어져야 한다. 새로이 만들어지는 지하철 노선이 왜 도중에 내려서 환승을 해야 하는지? 비유하면 자동차가 포장된 도로를 잘 달리다가 갑자기 거친 비포장도로의 자갈길을 달리는 모습이다. 자연스럽게 이어질 수 있음에도 불구하고 관료와 조직이 조그만 이기심에 사로잡혀 단절과 불편이 야기되었다. 깊이 성찰하고 반성해야 할 부분이다.

Tips; 지하철 차량기지는 님비시설NIMBY인가? 핌피시설PIMFY인가?

지하철 건설 시 주민들과 자주 갈등을 경험하게 된다. 그중에서도 차량기지건설과 관련하여 지역주민들과의 갈등으로 차량기지 건설계획이 변경되거나 백지화되기도 하였다. 대표적인 사례가 7호선 의정부 차량기지 건설계획과 9호선 하남시 차량기지 건설계획이었다. 서울시와 해당 지자체 및 주민들의 반대와 이해관계의 상충으로 초기 차량기지 건설계획이 변경되는 등 난산을 겪었다.

한 동안 의정부와 하남시는 지하철연결부재로 인하여 대중교통의 불편을 감수하여야만 하였다. 이후 의정부시는 경전철도입으로 의정부경전철이 부도위기를 맞는 등 우여곡절을 경험하기도 하였다. 하남시는 9호선 차량기지 반대로 한동안 지하철이 없는 교통불편을 감수해야만 했다. 늦게나마 2020년 3월 지하철 5호선이 연장·연결되었다.

그러면 지하철 차량기지는 지역발전의 장애가 되는 님비NIMBY: Not In My Back Yard 시설인가, 아니면 선호할 핌피PIMFY: Please In My

Front Yard 시설인가? 지하철 차량기지가 들어갈려니 님비시설이 되고 떠나니 핌피시설이 아닌지 되돌아볼 일이다. 국가 및 사회자원의 낭비를 줄이는 길이 무엇인지 발주처나 지역주민들이 좀 더 치밀하게 고민하는 계기가 되었으면 한다.

〈지하철 차량기지 건설 추진에 주민 반발〉
(하남河南=연합聯合) 鄭湖衍기자 = 경기京畿도 하남河南시민들은 서울시가 건설중인 지하철 9호선의 차량기지를 하남시에 세우려는 데 대해 크게 반발하고 있다. 19일 주민들에 따르면 서울시는 지난해 김포공항에서 둔촌동에 이르는 9호선 지하철길이 35km의 차량기지를 하남시 甘北동 7만여평에 건설할 계획이었으나 주민들의 반발로 서울 송파구 오륜동 올림픽선수촌과 기자촌아파트 주변 지역으로 입지를 변경했다.
　그러나 서울시는 뒤늦게 송파구 주민들이 반발하자 다시 계획을 변경, 하남시 감북동 지역이 차량기지의 적지라며 이곳에 설치할 것을 주장하고 있다는 것이다. 주민들은 차량기지가 건설되면 영농을 포기해야 할 뿐 아니라 재산권마저 침해받게 될 것이라며 차량기지 건설을 반대하고 있다. 하남차량기지 반대추진위원회공동위원장 朴호연는 "서울시의 시설을 서울시민들이 반대한다고 해서 하남시로 옮기는 것은 상식적으로 이해가 안간다"며 "시민들이 연대해 차량기지 건설을 저지하겠다"고 말했다.
출처 : 연합뉴스, 입력1996. 03. 19

〈사진 1-5〉 서울 지하철 9호선의 급행모습

출처 : https://namu.wiki/w/서울%20지하철%209호선

〈사진 1-6〉 공항철도·서울9호선 직결 : 동상이몽 탓 21년째 제자리걸음

https://www.joongang.co.kr/article/24065654#home 출처: 중앙일보 2021.05.25

• 난지도蘭芝島 골프장은 왜 사라졌나?

흔히 첫 단추를 잘 꿰어야 한다고 한다.
일이 시작될 즈음 좀 더 세심했더라면
기관 간 대립과 갈등,
공공기관끼리 소송전으로 치닫지 않았을 수도 있었을 터인데
한 발짝씩만 물러서면
서로가 WIN-WIN, 공생共生할 수 있는 여지도 많은데
사회적 편익이 우선적 가치로 자리매김해야 하는데 -

Tips; 난지도蘭芝島!

난지도蘭芝島는 한강하류의 난이 많이 자라는 자연생태계의 보고寶庫이며 저습지였다. 난지는 난초와 지초가 어우러진 아름다운 섬이라는 의미에서 난지도라 칭한다. 서울시 인구폭발로 넘쳐나는 쓰레기가 갈 길을 헤매다 난지도로 정착하였다. 한강하류의 저습지가 쓰레기 산으로, 이는 다시 난지도 골프장현재는 노을생태공원과 하늘생태공원으로 거듭났다. 그러다가 난지도 골프장은 사라지고 이제는 모두 생태공원으로 바뀌었다.

난지도蘭芝島에 쓰레기매립이 종료된 후 난지도를 어떻게 활용할 것인가가 고민이었다. 매립이 끝난 난지도蘭芝島에 1995년 회색먼지를 날리며 지프를 타고 정상?해발 98m에 올라보니 놀랄 일이 한 두 가지가 아니었다.

먼저 쓰레기 산이 민둥산으로 변한 모습을 보면서 깜짝놀랐다. 황토로 화장을 하여 겉으로 보기에는 영락없는 민둥산의 모습이었다. 즉 쓰레기의 모습이 흔적도 없이 사라졌다는 것이다.

둘째는 차에서 내리자마자 코를 찌르는 매캐한 냄새였다. 몇 십 분이라도 버티기 어려운 고약한 메탄CH_4 가스 냄새였다.

셋째는 여기 저기 사방에서 땅속으로부터 뿜어 나오는 불기둥이었다.[5] 동시다발적으로 사방에서 치솟는 불꽃은 난생 처음이었다.

넷째는 난지도 정상에서 바라보는 전후좌우의 전경은 일품이었다. 메탄가스만 아니었다면 한 동안 그 풍광에 빠질 수도 있었는데-. 서울의 한강에 연접하여 이런 명소가 새로이 탄생하였다니!

여기서 난지도의 시·공간의 궤적을 더듬어보면, 난이 집단적으로 자생하는 저습지 → 저습지에 쓰레기가 쌓여 산으로 변화해 가는 모습 → 쓰레기 산의 내면의 모습음식물 찌꺼기의 부패과 황토색갈로 치장한 외양의 모습 → 황토색 쓰레기 산의 현재화생태공원된 모습일 것이다. 도시의 좋은 이음이란 이러한 모습들이 단절됨이 없이 오늘로 이어지고 현재화된 모습이다. 단절

---

5) 음식물쓰레기도 일반쓰레기와 함께 매립되면서 음식물쓰레기가 부패하면서 메탄가스가 발생하고 땅속에서 갈 길을 잃은 메탄가스는 흙을 비집고 분출하는 장관(?)을 연출하였다고나 할까? 난지도 개발이 이루어지면서 메탄가스를 차집하기 위해 난지도에 발전소가 만들어진 까닭이기도하다.

이 심하면 심할수록 좋은 이음과는 거리가 있을 수밖에 없다.

이런 맥락에서 난지도가 좋은 이음으로 이어지고 있는지 성찰함은 재미있음직 하다. 여기서는 난지도 쓰레기 산이 생태공원과 난지 골프장으로, 다시 생태공원으로 거듭 변화해가는 양상을 들여다보자.

시작은 1993년 3월 난지도에 쓰레기 매립이 종료되고 2000년 6월 서울시가 난지도 골프장건설계획을 발표하면서부터이다. 2001년 7월에는 서울시와 국민체육진흥공단 간 골프장 건설을 위한 협약이 체결되었다. 이듬해 7월에는 체육진흥공단은 골프장 건설공사를 착공하였다. 2004년 3월 서울시는 '체육시설 설치 및 이용에 관한 조례'를 개정하였다. 2004년 6월에는 드디어 골프장건설이 완료되었다.

골프장 건설이 종료되자 골프장사용료 책정과 관련하여 서울시와 공단 간 이견이 표출되어 접점을 좁혀지지 않아 2004년 7월 공단은 서울시를 상대로 소송을 제기하였다. 소송배경은 서울시는 퍼브릭 골프장 취지에 부합하기 위해 비교적 저렴한 사용료를 주장한 반면에 공단은 어느 정도의 수익이 확보되어야 한다는 주장이 팽팽하게 대립되었기 때문이다.

2004년 11월과 2006년 2월의 1심 및 2심 소송에서 서울시가 패소하였으며 서울시는 2006년 3월 대법원에 상고하였다.

그 동안 건설이 완료된 골프장을 마냥 놀리기보다는 사용하는 것이 옳다고 판단하여 2005년 10월 무료라운드로 오픈하였다. 대법원 상고 중에 서울시장을 지낸 이명박시장이 대통령에 당선되자 2007년 12월 3일 서울시와 공단은 다시 협상을 시작하였다. 2008년 2월 이명박 대통령이 취임하고 2008년 7월에 서울시와 공단은 소유권이전 등 공동합의서를 체결하고 공단은 소송을 취하하였다표 1-1참조.

〈표 1-1〉 난지도 골프장 추진일지

서울 난지골프장 추진일지	
1993.3	난지매립지 매립 종료
2000.6	서울시 난지도골프장 건설계획발표
2001.7.20.	서울시 국민체육진흥공단과 협약체결
2002.7.15.	난지골프장 공사착공
2004.3.30.	'체육시설 설치 및 이용에 관한 조례' 개정
2004.6.21.	난지골프장 공사완료
2004.6.25.	마포구 등록체육시설업 등록반려 (마포구-공단)
2004.7.5.	공단소송제기
2004.11.9.	1심 판결(서울시-패소)
2005.10	난지골프장 개장
2006.2.15.	2심판결 (서울시-패소)
2006.3.13.	대법원 상고
2007.12.3.	서울시- 공단 협상 실시
2008.2.25.	이명박 대통령 취임
2008.6.17.	소유권 이전 등 공동합의서 체결 및 소송취하

자료 : http://m.khan.co.kr/view.html?art_id=200806181810555#c2b

Tips; 난지도 → 쓰레기 산 → **난지도 골프장** & 하늘공원 →
노을공원 & 하늘공원

　서울시 마포구 상암동 약 10만 평의 난지도 쓰레기매립장에 약 130억 원을 들여 9홀의 난지도 골프장195,443㎡, 부대시설 25,237㎡을 조성하였다. 골프장 조성 후 운영방식과 입장료 산정을 둘러싸고 국민체육진흥공단과 서울특별시 간 의견대립 때문에 파행으로 치달았다. 2004년 준공된 이후 일반시민들에게 개방할 목적으로 조성된 대중골프장은 시민 품에 돌아가지 못하였다. 결국 서울시는 골프장을 노을공원으로 변경·조성함으로써 골프장은 역사속으로 사라지게 되었다.

　길고도 험난한 협상과정을 거쳐 어렵사리 탄생한 난지도 골프장을 원점으로 돌린 것은 그동안 투자된 세금을 매몰시키고 너무나 큰 사회적 자본의 손실을 가져왔다. 체육진흥공단과 서울시의 불명확한 계약체결과 기관이기주의적 행태로 인하여 양 기관 뿐만 아니라 모든 시민을 패배자로 내모는 형국이 되어버렸다.

　서울시의 난지도 골프장 건설 계획은 오랜 산고産苦 끝에 확정됐음을 상기할 때 참 안타까운 일이다. 서울시가 1999년 6월 난지도 매립지 환경생태공원 조성계획을 발표하였다. 2000년 1월 월드컵에 대비한 주변 환경 정비의 일환으로 발표된 난지도 일대 밀레니엄공원 조성계획을 발표하면서 여기에 난지도 골프장계획을 포함시켰다. 이에 대해 환경단체를 중심으로 한 11개 시민단체들은 '난지도 골프장 백지화 시민연대'를 발족하고 시청 앞에서 골프장 백지화를 위한 항의 집회를 수차례 가졌다.

서울시와 녹색서울시민위원회도 무수한 회의와 의견을 수렴하였으나 접점을 찾지 못한 상태에서 서울시는 골프장건설을 강행하였다. 이에 30명의 녹색서울시민위원회 위원들이 위원회를 사퇴하는 사태까지 발생했다. 당시 녹색서울시민위원회를 비롯한 시민단체들은 골프는 일종의 귀족운동이라 할 수 있는데 서울시에서 일반시민들을 대상으로 하는 골프장 건설은 시기상조라는 의견이 지배적이었다.

반면에 당시 고건 서울시장님을 비롯한 서울시는 이제는 일반시민들도 골프를 즐길 수 있도록 하는 골프대중화가 필요하다는 주장이었다. 특히 서울도심과 지근거리에 입지한 난지도 쓰레기 매립지가 생태공원하늘공원과 대중골프장현재는 노을공원으로 탈바꿈시키려는 시도는 세계 유수의 어느 도시에서도 찾아 볼 수 없는 혁신적인 사례일 것이라는 주장이 팽팽하게 전개되었다. 이후 계속된 논의와 상호 이해 및 설득과정을 거쳐 어렵사리 골프장 건설의 합의를 도출하였다.

2001년 7월 서울시와 체육진흥공단은 공단이 골프장을 건설하여 20년 동안의 운영권을 가진 후 서울시에 환원한다는 내용으로 협약을 체결하였고, 공단은 2004년 6월 골프장 건설을 완료하고 2005년 10월 난지골프장을 개장하였다그림 1-7, 1-8, 1-9 참조. 그러자 이번에는 골프장 운영권과 입장료 책정을 두고 두 기관의 입장차이로 갈등이 표출되었다.

  체육진흥공단은 건설비뿐 아니라 어느 정도의 수익을 창출하기를 원하는 반면, 서울시는 골프의 대중화와 공공서비스 정신에 부합하도록 가능한 한 일반서민들도 부담없이 이용할 수 있을 정도의 저렴한 입장료를 주장하였다. 양측의 의견차이로 인해 6월 이후 무료입장의 시범라운드만를 운영하였으며, 매달 약 1억 5,000만 원의 운영비만 적자로 쌓여갔다. 골프장 건설 후 3년째 공전을 지속하였다. 이 당시 추첨에 해당되어 무료입장의 시범라운드를 경험한 한 지인의 경험담에 의하면 지금까지 골프라운딩에서 최상, 최고의 라운딩이라고 극찬을 하였다.

  서울시나 체육진흥공단은 모두 시민의 삶의 질을 높이고 국민의 건강을 책임지는 공익기관이다. 양 기관이 한발씩 양보하여 접점을 찾았으면 하는 아쉬움이 적지 않다. 이를 테면, 서울시는 먼저 공단에 골프장 건설에 소요된 경비, 건설 후 그동안 누적된 골프장 운영과 관련한 경상운영비, 금융비용 및 상호 갈등으로 야기된 고통에 따른 최소한의 비용 등을 지불하고, 체육진흥공단은 직·간접경비를 포함한 최소한의 보상비를 받고 골프장을 서울시에 돌려주는 것이다.

그렇게 하면 서울시는 어렵고 힘든 과정을 거쳐 탄생한 골프장 건설의 합의를 도출한 정신을 훼손하지 않을 수 있으며, 공단은 투입된 경비는 보전받을 수 있다. 2008년 6월 17일 서울시는 185억원<u>골프장 조성비, 그 동안의 운영비, 부가가치세</u> 등을 공단에 보상하고 양 기관 간 공동합의서를 체결하고 소송을 취하하였다.[6)]

이러한 합의가 미리 이루어졌다면 서울시는 수익성도 살리면서 대중골프장의 면모를 살릴 수 있는 방안을 찾을 수도 있었다. 즉 경영성을 추구하면서 일반 대중이 누구나 이용할 수 있는 퍼블릭 골프장 정신에도 걸맞게 운영할 수 있는 방법도 있음을 간과해 버렸다. 난지도에 이미 하늘공원을 생태공원으로 조성하였는데 굳이 인근에 골프장으로 건설된 난지도 골프장을 하늘공원과 유사한 생태공원<u>노을공원</u>으로 바꾸어야만 했는지? 그동안 골프장 건설에 투자된 예산<u>약 130억 원</u>은 매몰비용으로 사라졌다는 안타까움이다.

---

6) 양 기관의 합의에는 이명박 서울시장이 대통령에 당선된 것과 무관하지 않은 것으로 사료된다.

한 대안으로 1년 중 절반은 일정하게 정해진 저렴한 가격으로 퍼블릭 골프장으로 오픈하고, 나머지 절반은 골프장 이용료를 경매형식을 통해 입장료를 부여하는 방식예를들면, 일주일 중 월~목요일까지는 퍼블릭으로, 금~일요일까지는 경매형태로 많은 비용을 지불하는 자에게 우선권 부여을 고려할 수 있다. 난지도골프장 무료개방 시에 이용해 본 골퍼들의 얘기를 들어보면 최소한 이삼십만 원 이상의 비용을 부담하더라도 전혀 아깝지 않을 것이라는 반응이었다. 이렇게 하면 골프의 대중화에도 기여하면서 그동안 낭비된 혈세도 보전할 수 있는 길이 열리게 된다.

모두를 패배자로 만들어버린 난지도 골프장에서 우리는 무엇을 배워야할까? 실패가 담겨진 '백서'가 발간되고 이것이 주는 교훈을 되새길 때 관료들의 소아적 사고도, 기관이기주의도, 공공의 정책실패 우려도 줄이는 토대가 되지 않을까.

〈사진 1-7〉 난지 골프장 조감도(노을공원)

출처 : https://blog.daum.net/mrcar01/4407490

〈사진 1-8〉 난지 골프장 조성 후 무료개방 시 시민들이 골프 즐기는 모습

출처 : https://www.yna.co.kr/view/PYH20060327020300999

〈사진 1-9〉 난지도 매립 후 월드컵공원 전경

출처 : https://m.blog.naver.com/PostView.nhn?blogId=changdong412&logNo=220140959732&proxyReferer=https:%2F%2Fwww.google.co.kr%2F

제 2 장

도시의 공간

제2장 도시의 공간

- 공간공리주의와 공간이기주의
- 도시(공간)브랜드와 서울
- 주객이 전도된 철도역사(驛舍)의 대문과 쪽문
- 다운타운(Down town)과 중심업무지구(CBD) : 수원의 CBD는?
- 수원역을 통해 본 역(驛)과 광장
- 광교 호수공원과 일산 호수공원

제2장 도시의 공간

• 공간공리주의와 공간이기주의

> 공간에도 주인이 있다면
> 사리사욕이 발동하기마련
> 그럼,
> 아름다운 도시공간은
> 어떻게 창출되어야하나?

공간은 크게 두 가지로 구분된다. 하나는 조물주가 인간에게 물려준 자연이란 공간이고, 다른 하나는 우리 인간의 지식과 지혜로 창출해낸 공간이다. 인간이 만들어낸 후자의 공간 중에서도 도시라는 공간은 인간 삶의 질을 결정하는 중추적인 역할을 한다. 그런데 자칫하면 도시라는 공간은 인간의 온갖 욕망과 이기심의 응축장으로 전락할 가능성이 높다.

잘 만들어진 도시공간은 도시민의 삶을 풍요롭게 하지만 그렇지 못한 공간은 인간의 삶을 피폐하게 만든다. 도시정부는 다수 도시민을 위한 공간관리를 할 책임이 있다. 도시정부가 공간관리를 위한 공공의 역할을 제대로 수행하지 못하거나 미약할수록 도시란 공간은 인간의 이기심의 발로로 망가지기 십상이다.

벤덤은 '최대다수의 최대행복'이란 공리주의를 주창하였다. 벤덤의 이러한 주장의 기저에는 인간의 이기심이 자리하고 있음을 알 수 있다. 도시란 공간도 도시에 살아가는 사람들이 좋은 공간을 차지하기 위한 이기심이 발동하기 마련이고 이를 적절히 제어하고 관리해야 할 책임은 공익을 추구하는 도시정부의 역할이다. 도시공간을 어떻게 만들고 가꿀 것인가는 도시정부와 시민들의 몫이다.

인간이 도시공간을 만드는 데는 두 가지 축이 있다. 하나는 공간공리주의이고, 다른 하나는 공간이기주의다. 벤담의 공리주의를 도시공간에 원용하면 **공간공리주의**는 '**최대다수의 도시민이 최대로 만족하는 도시공간의 창출**'이다. 반면에 **공간이기주의**는 다수의 도시민보다는 '**소수의 도시민 또는 한정된 집단이나 계층이 좋은 공간을 독점하거나 사유화하는 형태**'이다.

도시의 공간 중에서도 가장 중요한 것이 주거공간이다. 주거공간은 인간이 일터에서 돌아와 휴식을 취하고 잠을 자며 에너지를 충전하는 공간으로 하루 중 가장 많은 시간을 보내는 공간이기 때문이다. 사람들은 누구나 쾌적한 주거공간을 선호한다. 양호한 자연환경, 좋은 이웃과 동네, 도심부나 일터공간으로의 접근성 등이 주거공간이 갖추어야 할 요건들이다.

인간은 본질적으로 좋은 공간을 선호한다. 모두가 아름답고 쾌적하고 안락한 공간을 점유하기 위한 공간이기주의가 판을 치기 마련이다. 이러한 욕구를 어떻게 관리하고 조절 할 것인가? 좋은 공간일수록 공동체 모두의 공간으로 자리매김하도록 해야 한다. 공공이 민간의 사적 욕구와 결탁될 때 그 도시는 망가지기 십상이고 매력이 반감될 수밖에 없다.

지금까지 우리 주변의 도시들을 되돌아보면 경관이 빼어난 곳은 대개가 고급아파트나 사적 재화 중심으로 개발된 곳이 지배적이다. 일례로 아름다운 강이나 산 주변에는 고층아파트들이 공간을 독점하고 사유화하여 일반시민들의 수려한 공간을 즐길 수 있는 기회를 뺏었다고나할까? 그렇다고 마냥 후회만 할 것인가.

일례를 살펴보자. 서울 강남의 대표적인 부촌이 압구정鴨鷗亭동이다. 압구정의 의미는 '갈매기와 친하게 지내는 정자'라는 의미인데 조선초기 한명회가 처음 지었다고 전해진다. 경치가 빼어나다보니 권문세가들이 별장부지로 인기가 있었다고 한다. 그러나 지금 압구정동에는 과거의 정취를 전혀 체감할 수가 없다.

만약 압구정동에 아파트를 짓더라도 지난날의 흔적을 살리고 셋백Set Back 시켜서 아파트단지를 개발하였다면 과거의 흔적위에 새로움이 더해지는 도시공간이 창출될 수 있지 않았을까? 옛날에 지어진 집을 재건축할 시 반드시 도로에서 일정부분 셋백하여 건물을 지어야 허가가 가능하다. 이를 대규모 아파트재건축 사업에 응용하면 한강 연접공간에는 사라진 과거의 흔적을 되살리면서 재건축아파트를 짓도록 허가할 필요가 있다. 아름다운 공용공간을 확보하고 보전하기 위해 필요하면 용적률 인센티브를 제공하는 것도 한 방안이다.

아름다운 공간일수록 나만의 공간이 아니라 우리 모두의 공간이어야 그 도시는 격조 높은 도시가 될 수 있다. 세계 제1의 관광도시로 일컬어지고 있는 파리시의 세느강 양안에는 박물관, 미술관 등 역사적 유적들이 즐비하고 이들은 관광객을 유인하는 바탕이 되고 있다.

유럽남동부를 흐르는 도나우강다뉴브강은 독일남부에서 발원하여 루마니아 동쪽을 거쳐 흑해로 흘러드는 2,860km로 유럽에서 두 번째로 긴 강이다. 도나우강이 흐르는 헝가리 부다페스트 양안兩岸의 한쪽에는 시가지가 잘 발달되어 있는 반면에 다른 한쪽인 반대편 도나우강 연안에는 박물관들과 자연공원이 잘 조성되어 공동체 모두의 공간으로 관리되고 유지·보전되고 있는 모습이다.

한강의 양안兩岸에 아파트 성벽이 자리한 서울의 공간과는 사뭇 다른 모습이다. 지금 우리가 살고 있는 도시의 모습은 어떠한지 되돌아보고 지나간 날들을 후회만 할 것이 아니라 지금부터라도 품격 높은 도시로 거듭나기 위한 지혜를 모아야 한다. 이제라도 바탕이 되는 밑그림을 그리고 조각 조각 퍼즐을 맞추어 나가야 되지 않을까.

아름다운 공간일수록 시민 모두의 품으로 안기는 공간계획, 도시계획이 되어야 한다. 한강에 연접한 대규모 아파트단지가 재건축을 기다리고 있다. 재건축허가 시에 과거 한강의 모습과 정취를 살리는 아파트재건축이 되도록 도시를 관리해야 한다.

• '도시공간브랜드'와 서울

> 파리는 에펠탑,
> 뉴욕은 자유의 여신상
> 그럼 서울은? 남대문, 서울타워, 남산 - - -
> 도시 간 경쟁력은 브랜드 경쟁력!

세계는 바야흐로 국가 간 무한 경쟁으로 치닫고 있다. 국가 간 경쟁은 지역 간 경쟁으로, 지역 간 경쟁은 도시 간 경쟁으로 압축된다. 신이 우리에게 물려준 자연이란 공간에 인간이 도시라는 공간을 창출하였다. 인간이 가진 지식과 지혜로 살기 좋은 도시를 만들기 위해 우리 모두는 심혈을 기울이고 있다. 도시의 경쟁력은 저절로 주어지는 것이 아니라 인간이 흘리는 땀의 결정체임을 의미한다.

오늘날 선진국의 경쟁력은 대도시의 경쟁력으로 나타난다. 대도시의 경쟁력은 도시공간을 상징하는 '도시공간브랜드'화 전략과 직결되어 있다. 대도시가 고유한 상징성과 독창적인 공간브랜드로 지구촌 사람을 유인하고 볼거리와 즐길 거리를 제공하려고 정성을 기울이는 이유다.

이를테면 산업혁명의 진원지인 영국은 런던 브리지와 새천년의 문으로, 프랑스는 파리의 에펠탑으로, 미국은 뉴욕의 자유의 여신상으로, 중국은 베이징의 텐안먼天安門 광장으로 도시의 고유한 브랜드와 상징성을 담아 관광객을 끌어들이고 머물도록 유도하고 있다.

여론조사기관인 월드리서치가 서울을 방문한 외국인 관광객 1,115명을 대상으로 서울의 상징성을 조사한 결과 '김치'가 압도적으로 높은 20.7%로 나타났다. 다음은 친절 7.6%, 쇼핑 3.1%, 불고기 2.8%, 올림픽과 드라마각각 2.5%, 남산의 N서울타워 2.0%였다. https://www.donga.com/news/article/all/070704/8462266/1. 김치는 서울이란 도시를 상징하는 이미지나 브랜드로는 어딘가 어울리지 않는다. 외국인의 눈에 아직까지 서울의 이미지나 공간 브랜드가 눈에 띄지 않는다는 의미이기도 하다.

오세훈 서울시장은 2007년 신년사에서 서울을 세계 10위권의 경쟁력을 갖춘 도시로 만들기 위해 관광과 문화를 신新성장동력 산업으로 육성하겠다고 밝혔다. 파리나 뉴욕에 견줄 만한 브랜드를 찾아 2010년까지 1,200만 명의 관광객을 유치하겠다는 내용이다. 이를 위해 한강 르네상스 프로젝트와 노들섬의 오페라하우스 등 새로운 랜드마크를 조성하려고 의지를 불태우기도 하였다. 그러나 후임 박원순 시정에서는 그 명맥조차 이어지지가 않았다.

세계 일류 도시, 경쟁력이 높은 도시가 되기 위해서는 서울의 특성에 기반을 둔, 서울만의 고유하고 차별화된 브랜드를 구축하는 일이 선결요건이다. 이제부터라도 서울의 특성을 살리면서 공간 브랜드화할 수 있는 소스source를 찾아내고 역량을 결집해 가꾸도록 지혜를 모아야 한다. 이를 위해 선진 도시가 지니는 브랜드의 유형과 속성을 분석하고 선진 도시 브랜드의 아류가 아닌 서울만의 고유한 브랜드를 찾아야 한다. 그동안 서울시는 남산의 N서울타워, 남대문, 한강, 경복궁을 소재로 하여 브랜드화를 시도했지만 성공적이지 못했다.

서울은 6·25전쟁의 폐허 위에서 30, 40년 만에 세계 도시 역사상 유례없이 압축적으로 고도성장한 도시이다. 부산물로 청계천에 고가도로와 난지도에 쓰레기 산이 생기기도 하였다. 도시 흉물인 청계 고가도로는 환경 친화적인 청계천으로 복원됐고 난지도는 생태공원으로 거듭났다. 이들은 서울의 새로운 물리적 기반을 구축했다. 고인이 된 박원순시장도 지난 10년 동안 서울의 브랜드를 높이고자 많은 노력을 기울였음에도 불구하고 아직도 자리매김을 하지 못하고 있다.

지금 한창 재구축 중인 보행자 중심의 광화문 광장 및 가로, DDP동대문 디자인 플라자: 사진 2-1 참조, 복원된 청계천에 서울의 정신을 접목시키면 새로운 명물과 브랜드가 탄생하지 못할 이유도 없다. 특히 광화문광장은 서울의 얼굴이기도 하려니와 대한민국을 대표하는 상징가로이기도 하다. 세계에서 대중교통으로 일이십 분 이내에 14~15세기에 조성된 옛 서울 성곽도시의 생생한 모습을 확인하고 체험할 수 있는 도시가 얼마나 있을까?

도시도 브랜드의 시대이고 마케팅의 시대이다. 서울에 대한 외국인의 인식을 재조사하고 시민의 총의를 모아 서울다운 새로운 공간브랜드를 창출하고 서울의 혼을 불어넣은 마케팅을 통해 품격 높은 서울로 거듭나도록 해야 한다. 서울의 도시공간브랜드 성공의 열쇠는 세계 선진도시 브랜드의 아류가 아니라 서울만이 고유하게 가지고 있는 바탕에서 출발되어야 한다.

〈사진 2-1〉 동대문 디자인 플라자 (DDP)

출처 : https://100.daum.net/encyclopedia/view/89XX74800021

• 주객이 전도된 철도역사驛舍의 대문과 쪽문

한동안 공공시설물 건설에 민간자본민자유치가 유행.
도시의 얼굴인 역사驛舍도
민자유치의 주된 타겟이 되었는데 -
민자유치 덕분(?)에
역사驛舍의 모습은 어떻게 변화?

도시는 인간활동의 중심이 되는 장소로써 거래를 하는 공간이며, 일터이기도 하고, 만나고, 소통하고, 즐기는 곳이기도 하다. 이를 위해 모이고 끝나면 각자 쉼터로 돌아간다. 즉 모이고 헤어져야 한다. 도시 내에서도 이러한 활동을 위해 중추적인 역할을 하는 곳이 바로 역사驛舍이다.

그래서 역사驛舍를 관문이라고 한다. 역사는 도시의 얼굴인 셈이다. 서울역, 부산역, 대전역, 광주역, 대구역이 그러하다. 앞서 살펴본 바와 같이 대한민국의 얼굴격인 서울역의 현재 모습을 조망하면서 대한민국 민자역사의 민낯을 보았다고나할까? 수원역도 예외가 아니다. 수원에 살면서 수원역을 마주할 때마다 마음 한 구석이 편하지 않다.

역은 역을 이용하는 시민들이 주인이고 주인이 역을 이용하기 편리하도록 역사驛舍가 만들어져야 한다. 그런데 역의 모습은 제대로 인식되지 않고 백화점이나 쇼핑몰이 대신하는 격이다. 주와 객이 전도되었다는 사실이다. 이는 민간자본을 유치하여 역사를 개발하다보니 자본을 투자한 개발주체가 주인역할을 하는 모습으로 변모하였다.

바로 민자역사가 들어서면서 역사의 상징성이나 공익적 가치보다는 상업적 가치가 위력을 발휘하면서 나타난 현상이다. 이를 테면 서울역에는 한화와 롯데가, 대구역과 영등포역에는 롯데백화점이, 용산역에는 I PARK 백화점이, 수원역에는 AK 애경백화점이 위용을 자랑하고 있다.[7] 자본의 위력에 공공재로서의 역사驛舍의 가치가 주눅이 들고 있다고나 할까.

도시마다 그 도시를 상징하는 역驛이 있기 마련이며, 역은 해당도시의 얼굴이며 중심축이 되는 공간이다. 따라서 이러한 역은 어느 공간보다도 공공재로서의 가치가 중요하다. 민간이 역사를 탐하는 데는 까닭이 있다. 가장 유동인구가 많이 몰리는 곳이다 보니 비즈니스하기에는 안성맞춤이다. 민간자본이 들어와서 역사驛舍를 개발하다보니 역사란 공간은 수익창출을 위한 공간이 주축이 되면서 역사의 공공성 公共性은 뒷전으로 밀

---

7) (구)국유철도의 운영에 관한 특례법에 의해 서울역, 수원역, 용산역, 대구역의 민자역사 점용허가기간은 30년이다. 점용허가면적은 서울역 신역사가 39,375㎡, 수원역이 80,300㎡, 대구역이 40,224㎡, 영등포역이 57,507㎡로 나타나고 있다(자료 : 국토교통부, 민자역사 점용허가 현황, 2019. 12)

려나 있는 형국이다.

그동안 민간자본을 유치하여 역사驛舍를 개발한 외견상의 모습들은 〈사진 2-2〉와 같이 세 가지 유형으로 구별해 볼 수 있다. 첫째는 용산역사와 같이 그나마 공공역사의 모습이 비교적 잘 표출된 형태볼록랜즈형, 둘째는 대구역사와 영등포역사와 같이 병렬적 모습으로 지어진 형태병렬형, 세 번째는 수원역사와 같이 오목랜즈 모습의 민간자본에 의해 매몰된 형태오목랜즈형이다. 특히 오목랜즈형은 좌·우측에서는 역사驛舍를 인식하기가 어려우며 역사정면에 위치하여 하늘방향으로 보아야만 역사임을 알 수 있다. 더구나 역사로 진입해야 할 주된 공간에는 ○○백화점의 쇼윈도우가 자리하여 보행자를 위한 통로는 쇼윈도우 좌·우측에 위치하여 마치 비밀의 출입로인양 매몰된 모습이어서 자칫하면 놓치기 십상이다.

그러다보니 역사驛舍의 '대문'은 ○○백화점의 쇼윈도우A가 위용을 뽐내고 버티고 있으며대문이 사라짐, 쇼윈도우 좌·우측 측면 '쪽문B & C'으로 시민들은 총총걸음을 내딛여야만 한다. 전형적인 주객전도 현상에 수원역을 마주 할 때 마다 마음이 무겁다. 그럼 누가 공공의 자존감을 지켜야 할 것인가?

민간자본을 유치하여 역사를 개발하더라도 공공의 가치가

훼손되지 않으면서 민간의 활력을 북돋울 수 있는 접점을 찾아야 한다. 물론 쉽지는 않을 수도 있다. 그렇다고 무분별하게 공공재로서의 도시의 얼굴인 역사를 난개발로 내몰 수는 없다.

 이제라도 도시의 얼굴을 제대로 살리는 방안을 고민해야 한다. 멀지 않은 시기에 수원역의 대문이 열리어 시민들을 주인으로 모시며 시민들이 환하게 웃는 모습을 보고 싶다. 이제라도 코레일, ○○백화점, 수원시 등 이해관계자들이 함께 모여 머리를 맞대면서 시민을 주인으로 맞아들이는 해법을 찾아야 되지 않겠는가?

〈사진 2-2〉 민간자본을 유치하여 지어진 역사의 모습 : A ~ C

A) 볼록랜즈형 : 용산역

출처 : https://www.ydp.go.kr/tour/viewTnTursmResrceU.do?resrceNo=81&key=4006

B) 병렬형 : 영등포역 & 대구역

출처 : https://librewiki.net/wiki/%EB%8C%80%EA%B5%AC%EC%97%AD

C) 오목랜즈형 : 수원역 – 역사 출입구 아래가 ○○백화점 쇼윈도우로 점용

출처 : https://www.ydp.go.kr/tour/viewTnTursmResrceU.do?resrceNo=81&key=4006

• 다운타운Down town과 중심업무지구CBD : 수원의 CBD는?

낯선 도시를 찾게 되면
우선 다운타운Down-town를 먼저 찾게 된다.
왜냐하면 다운타운에는 일거리, 볼거리, 즐길거리, 먹거리 등이
집합된 공간이기 때문이다.
그럼 역사와 전통이 숨쉬는
수원시의 다운타운은 어디지?

외국의 도시를 방문하게 되면 주로 찾는 곳이 바로 '다운타운 Down town'이다. 우리말로 하면 '시내市內중심지'인 셈이다. 그런데 이와 유사한 용어로 CBD, 도심都心도 있다. 이들 용어는 같은지, 다른지, 다르면 어떻게 다른지 궁금해 하는 이가 적지 않다. 통상 '시내중심지'는 영어로는 '다운타운'이라고 한다. 영어단어의 사전적 의미를 우리말로 굳이 번역하면 '아래에 있는 타운아랫마을' 정도인 셈이다.

그런데 왜 '가운데 있는 타운Middle town'이 중심이 아니고 아래에 있는 타운이 '시내중심지다운타운'가 되었는지? 일설에 의하면 이는 미국의 심장부인 뉴욕시 맨하탄 개발의 역사와 연관되어 있다고 한다. 콜럼버스가 1492년 처음으로 미대륙을 발견한 이후 유럽인들의 무대가 되기 시작하였다. 당시 주 교통수단은 바로 배였으며 배의 기항지가 바로 항구였다. 그러다보니

항구를 중심으로 사람이 모여들고 상업기능이 활발해지기 시작하였다. 인구가 점차 증가하다보니 개발의 압력이 가해지고 도시는 점차 팽창해질 수밖에 없었다. 뉴욕 맨하탄의 경우 허드슨만의 아래쪽 항구를 중심으로 개발이 시작되고 발전하는 수순을 밟게 되었다.

그래서 맨하탄 제일 아래Down쪽이 먼저 개발되고 중간의 미드타운Mid town, Middle town과 위쪽의 업타운Up town으로 개발이 확대되었다. 먼저 개발된 아랫마을이 다운타운이 되고 시내중심지역할을 하게 되어 오늘에 이르고 있다. 이 당시에는 배가 교통수단의 중심축이 되고 항구를 중심으로 개발의 압력이 팽창·확대되면서 다운타운이 가장 개발밀도가 높아지고 중심축이 된 셈이다.

Tips; 타운 Town & 시티 City

타운 Town이라고 하니 시티 City와는 어떻게 다른지 궁금해 하는 이가 적지 않다. 지구촌에는 처음부터 도시가 형성된 것이 아니다. 자급자족경제에서 점차 물물교환의 필요성이 증대하고 상품거래의 편리한 공간에 사람들이 모여들기 시작하였다. 상거래가 활발해지고 시장이 형성되면서 인구가 증가하고 규모도 점차 커져 타운으로 발전하였다. 이것이 더욱 확대·발전하면서 도시로 변모하였다. 타운Town은 오늘날 도시 City의 초기모습인 셈이다. 초기도시의 모습이 지금까지 이어져 타운으로 불리워지고 있다. 정리하면 다음과 같다.

> 개인 Individual → 가족 Family → 이웃 Neighborhood → 커뮤니티 Community → 마을 Village → 타운 Town → 시티 City → 거대도시 Metropolitan → 메가로폴리스 Megalopolis → 어반필드 Urban Field → 코너베이션 Conurbation → 세계도시 Ecumenoplis → 세계화 Ecumenopolization
>
> 자료 : Ekistics Constantinos A. Doxiadis를 중심으로 재구성한 것임; 최병대 2021, 포스트코로나를 대비하라. 39~44 참조

우리나라도 일제 식민지 시절에는 항구를 중심으로 도시가 발전되었다. 당시 일본이 수탈목적으로 활용된 곳이 항구였고 부산, 마산, 군산 등 항구를 중심으로 도시가 발전하였다. 해방이 되고 공업화가 진행되면서 도시의 중심축은 역驛을 중심으로 전개되었다. 우리나라에서 도시가 본격적으로 발전·성장한 것은 산업화·도시화가 진행되면서부터이다.

그럼 우리나라의 도시중심부, 즉 다운타운은 어디일까? 아마 역앞 또는 역전驛前이 아닐까 통상 '역전앞'으로 칭함 여겨진다. 왜냐하면 역의 전면을 중심으로 사람들이 모여들고 상거래기능이 활성화되면서 도시가 점차 팽창되었기 때문이다.

서구의 '다운타운'이란 의미가 우리나라 도시에서는 '역전앞'

역앞 또는 역전驛前인 셈이다. 서울역, 부산역, 대구역, 대전역 등이 역을 중심으로 전면이 도심역할을 해온 것이 우리나라 도시특성의 한 단면이다. 여기서 부산은 항구이면서 부산역을 중심으로 도시가 팽창·발전하게 되었으니 부산은 뉴욕시 맨하탄에서의 다운타운과 우리나라에서의 역전驛前 앞이 중복된다고 볼 수 있다.[8]

그런데 자동차와 지하철 등 교통수단과 대중교통 수단이 발달함에 따라 '역앞 또는 역전驛前' 기능과 역할이 점차 변화해가고 있다. 점차 다운타운인 '역전앞' 기능이 분화되고 다양한 모습으로 전개되고 있다고나할까. 서울의 경우, 워낙 거대도시로 성장하다보니 역전앞이 점차 팽창해지다 단핵도시에서 초래되는 한계를 극복하기 위하여 강남 개발 등을 통하여 다핵도시로 성장하였다. 도시규모가 커질수록 지하철 등 대중교통의 발달로 도심기능이 확대·분화되는 모습으로 나타나고 있다. 이러한 현상은 부산도 비슷한 양상이다. 일반적으로 항구도시는 뉴욕시 멘하탄의 모습과 비슷하지만 철도로 연결되는 내륙도시는 통상 역을 기준으로 역앞을 중심으로 도시가 성장·발전하는 모습을 보이고 있다.

---

[8] 부산은 산악지형구조로 인하여 뉴욕시의 맨하탄과 같이 전면으로 팽창하기 어려워 좌·우를 중심으로 선형으로 팽창하는 모습을 띠게 되었다.

CBD는 'Central Business District'의 약자로 번역하면 '중심업무지구'이다. 이는 앞서 이야기한 '다운타운'이 일반사회에서 일상적으로 사용되고 있는 용어라면 CBD는 도시를 관리하고 개발하는 관점에서 주로 사용하는 도시계획상 용어인 셈이다. '시내市內'와 도심都心이란 어휘는 한자적 의미가 시사하는 바와 같이 시내는 시외와의 대칭적 의미에서, 도심은 도시의 핵이며 중심이 되는 장소성이 강한 의미로 이해함이 좋을듯하다.

Tips; 한국인의 해외여행, 세계최고수준!

지구촌시대가 되니 해외여행을 자주하게 된다. 외국도시를 방문하게 되면 가장 먼저 도시의 중심부다운타운를 찾아 관광을 즐기기 마련이다. 오래되고 문화가 풍부한 도시일수록 다운타운에는 볼거리, 즐길거리, 먹거리 등이 풍부하기 때문이다.

대한민국의 국민1인당 해외여행지수는 2018년을 기준으로 0.56인데 비하여 미국은 0.28, 일본은 0.15, 프랑스는 0.40, 영국은 1.06이다. 영국이 우리나라보다 높기는 하지만 국경개념이 희박한 EU 공동체의 특성을 감안하면 한국은 거의 세계 최고수준이다최병대, 2021; 116. 한국인은 미국의 2배, 일본의 약 4배에 이르는 해외여행을 하는 셈이다.

수원에 살게 되면서 수원시의 CBD가 어디인지 궁금해지기 시작하였다. 다른 사람은 알고 있는데 나만 모르는 것인가? 왜 수원은 도심을 알려주지 않고 감추고 있을까? 궁금해서 여쭈어 보니 어떤 이는 시청사가 있는 인계동이라고 하고, 혹자는 수원역이라고 하고, 또 다른 이는 화성이 입지하고 있는 행궁동이라고도 한다. 여기에다 최근에 개발된 광교까지 추가되기도 한다. 도대체 어디가 도심인지 수원시에 오래 거주한 주민들이나 공무원들에게도 물어보아도 대답은 엇비슷하다.

　어느 도시이건 도시는 중심이 되는 공간이 있다. 도시는 중심축이 있어야 하며 이는 도시경쟁력의 바탕이 된다. 국내, 국외를 막론하고 경쟁력이 있는 도시들 중에서 도심이 없는 도시를 본 기억은 없다. 도심이 여럿 있는 도시다핵도시는 있지만 도심이 없는 도시를 상상하기는 쉽지 않다. 왜냐하면 도시도 경쟁력을 가져야하고, 경쟁력의 바탕이 되는 것은 CBD의 경쟁력과 직결되기 때문이다. 그럼 수원도 CBD를 정립하는 것이 우선과제가 아닐까?

　CBD를 정하는 기준은 무엇일까? 상업용지비율, 주·야간 활동인구, 입지상계수LQ지수, 토지의 가격지가, 용적률, 도심적합기능 집적도, 다중이 모일 수 있는 광장의 규모와 수 등 다양한 기준이 검토될 수 있다. 도심은 일할 거리가 많아야 하고, 모든 사람들이 모이기가 편리하고, 모여서 즐길 거리가 많아야 하고, 흩어지기도 귀가하기도 편해야 한다.

   수원역 앞 나홀로 섬원으로 표시된 부분이 된 광장(?)을 볼 때마다 안타까운 생각이 든다사진 2-3 참조. 나홀로 된 섬이 시민들과 더불어 함께 할 수 있는 광장이 된다면 수원역은 시민들과 호흡을 함께하는 광장으로 거듭날 수 있지 않을까! 수원시가 서둘러 해야 할 일은 수원도심을 만들고, 살리고, 가꾸어 나가는 것이다. 100만의 도시가 다핵도시로 나아가기에는 어려울 수밖에 없다. 단핵도시를 위한 선택과 집중전략이 필요하다. 수원역을 중심으로 수원역광장과 인접한 로데오거리로 이어져 확산되는 선형타입Linear type의 중심축을 구축하는 길이다. 그럼 수원의 '다운타운'은 '역전앞'을 중심으로 거듭 태어날 수 있다.

• 수원역水原驛을 통해 본 역驛과 광장廣場

**도시의 얼굴이 역驛인데
역의 모습을 보면
그 도시의 품격이 느껴진다는데 -**

   도시의 얼굴은 그 도시를 상징하는 역驛과 진배없다. 왜냐하면 역은 교통의 결절지로 많은 사람들로 붐비는 공간이면서 역을 중심으로 상업기능이 가장 활발하기 때문이다. 정년 후 수원에서 일할 기회가 있어 수원에 거주하는 딸집에서 주중을 보내고, 주말에는 일산의 집으로 돌아가 본의 아니게 주말부부가 되었다. 그 동안 무심하게 다가가고 무심하게 다가온 수원에 대하여 별 관심이 없었다고나 할까? 그런데 수원에 살다보니 무심無心이 유심有心으로 바뀌게 되고 현재의 수원보다 더 나은 수원은 무엇일까 하는 고민에 사로잡히게 되었다.

그 첫 번째가 바로 수원역을 접하고서이다. 1호선 전철을 타고 수원역에 내려서 목적지로 갈려고 수원역을 나왔는데 목적지를 향한 방향잡기부터가 난감하였다. 한참을 어리둥절하다 지하도를 이리 저리 돌고 돌아 600여m지리를 잘 아는 지름길을 이용하는 사람들도 400여m를 걸어 나와서야 겨우 목적지를 향한 버스정류장을 접할 수 있었다. 수원역 앞에는 나홀로된 광장이 도로와 자동차에 포위된 채사진 2-3참조, 몇 그루 서있는 소나무는 매연과 미세먼지에 생체기를 토해 내는듯하다.

원래 광장이란 사람들이 모이고 시끌벅적하게 떠들고 흩어지게 하는 것이 본래의 기능일진데 저 광장은 본래의 역할 상실로 인해 얼마나 수원시를 원망하고 있을까? 게다가 수원역에서 길 건너편으로 갈려면 좌우로 수백미터나 떨여져 있는 횡

단보도나 육교를 이용해야만 한다니 수원시는 '자동차 천국'이고 '보행자 지옥'이란 말인가? 또 요즈음은 친환경교통이라 하여 자전거와 킥보드 등 '라스트 마일' 또는 '퍼스널 모빌리티'라고도 함이 보편화하는데 이들은 어떻게 건너편으로 건너갈까?

수원시의 얼굴역할을 하는 곳이 바로 수원역인데 수원의 첫인상이 이래서야 되겠는가? 수원역을 접하는 모든 사람들은 이 구동성으로 필자와 비슷한 생각이었다. 수원시에 오랫동안 터를 잡고 살아온 주민들도 어떻게든지 수원역만은 반드시 바뀌어야 한다고 역설하고 있다.

자! 이제 사람과 자동차가 함께하는, 아니 사람이 우선인 친親인간형 수원역을 향해 나아가야 하지 않겠는가? 그래야 수원시가 추구하고 있는 '인간중심의 수원시'가 될 수 있으니 말이다. 나홀로 섬이 된 광장은 시민들과 더불어 함께하는 광장으로 거듭나야 한다. GTX-C노선 공모에 수원시가 응모하면서 수원역과 역앞 광장을 연계하는 안을 제출하여 좋은 평가를 받았으며 수원시는 GTX-C노선 공모에 당선되었다. 조만간 수원역과 광장이 연결되는 사업이 탄력을 받을 예정이다.[9]

---

9) 수원역과 역앞 광장을 연계화하는 계획은 GTX-C 노선의 수원역사 계획(안)에 반영되었다. 이 계획안은 수원시의 GTX-C 노선의 유치에 순기능적으로 작용한 것으로 평가되었다. 멀지 않은 시기에 수원역과 역앞 광장은 연계 및 일체화가 되어 친시민적인 공간으로 재탄생할 전망이다.

〈사진 2-3〉 수원역 앞 나홀로 광장(원안쪽): 자동차로 포위된 섬(광장)

출처: https://mediahub.seoul.go.kr/archives/1289121

• 광교 원천호수공원과 일산 호수공원

뷰View에 가격을 매길 수 있을까?
사람들은 어떤 뷰View를 좋아할까?
뷰View만 좋은 것이 아니라
이용하기도 편리해야
뷰View의 가치도 더욱 높아질텐데 -

지방자치를 하는 까닭 중의 하나는 각 지방마다 지역실정에 잘 어울리는 창발적 아이디어를 발굴하여 지방의 개성을 살리고 지역경쟁력 제고의 원동력으로 삼기 위함이다. 도시도 마찬가지이다. 도시는 도시마다의 다양한 개성이 있어야 하며 도시다운 특성과 기품이 있어야 한다.

획일화되고 천편일률적 모습보다는 차별화되고 주민들의 다양한 욕구에 잘 부응하도록 해야 한다. 즉 도시정부의 행정서비스는 주민들의 다양한 욕구에 맞춤형 서비스를 제공하도록 하는 것이다. 달리 표현하면 서비스 공급자가 단품메뉴를 준비하고 이용하라는 것보다는 수요자들의 니즈에 부합하는 다양한 다품서비스 메뉴를 준비하고 고객이 필요한 서비스를 선택할 수 있도록 하는 것이 고객맞춤형 서비스에 부응할 수 있다.

이를 테면 역에서 내려서 목적지로 가려는데 교통수단이 버스뿐이라면 선택의 여지가 없는 단품메뉴인 셈이다. 혹자는 시간이 촉박해서 택시라도 이용하고 싶은데, 혹자는 자전거를, 또 다른 이는 요즈음 MZ세대 젊은이들이 애용하는 킥보드라도 이용하기를 원하는데 하나의 교통수단이 있다면 난감할 수밖에! 좋은 도시란 소비자들시민들의 여건이나 기호에 따라 필요한 서비스를 선택할 수 있는 여지가 있어야 한다. 즉 시민들의 수요에 잘 부응하는 다품메뉴를 적시적소에 제공할 수 있어야 한다.

아름다운 산을 찾고, 바다를, 호수를 찾는 것은 인간의 본성이다. 도시에서는 아름다운 것을 찾기가 어려우니 인공으로 만들기도 한다. 경관이 좋으면 좋을수록 재화의 가치도 상승하는 게 당연하다. 일산의 호수공원사진 2-4 참조이 인공으로 만들어졌지만 고양시민들에게는 자존심과 같은 존재이다.

일산에 살면서 한동안 매일 새벽 조깅을 하였다. 새벽 출근 시간에 쫓기지 않으면 가장 긴 코스 약 5km 구간을 돌며, 시간에 쫓기면 약 3/1 또는 2/3에 해당하는 코스를 돌기도 한다. 즉 큰 호수가 세 개 구역으로 나뉘어 있으니 이용자들이 상황에 맞추어 편리하게 이용하고 즐길 수가 있다. 일터가 있는 서울로 출·퇴근이 멀어서 이사를 할까도 몇 번을 생각하였지만 일산호수가 주는 마력에 아직껏 일산살이를 하면서 즐겁게 지내고 있다.

수원에서 일할 기회가 있어서 2년여를 수원에서 살았다. 수원에도 일산호수와 비슷한 호수인 광교 원천호수사진 2-5 참조가 있다. 광교 원천호수가 제공하는 풍광덕분에 광교 원천호수 주변 아파트 가격이 강남 아파트 가격과 비견하다니 호수가 주는 마력이 얼마나 큰지 가늠해 볼 수 있다.

광교 원천호수에는 호수의 풍광을 즐기기 위해 만들어진 '프라이부르크 전망대'가 있다. 우연히 전망대에서 인근 아파트에 사는 주민들을 만나서 이런 저런 얘기를 나눌 기회가 있었는데 자긍심이 대단하였다. 광교 원천호수 옆에는 수원의 명물인 '수원컨벤션센터'가 있다. 각종 행사시에 컨벤션센터에 자주 들리기도 하는데 광교 원천호수를 볼 때마다 아쉬움이 남는다.

비유하자면 광교 원천호수가 단품單品메뉴라면 일산 호수공원은 다품多品메뉴이다. 컨벤션센터이다 보니 멀리 외지에서 컨벤션센터를 찾는 이가 많다. 그런데 광교원천호수를 산책할려면 3.5km 전체코스를 돌아야 한다. 왜냐하면 광교원천호수는 호수전체가 하나의 산책코스로만 만들어져 있기 때문이다. 광교 원천호수 한 바퀴를 산책하기에는 시간이 부족하여 짧은 코스라도 있으면 돌아보고 싶은데 아쉽다는 방문객을 자주 접하곤 하였다.

광교 원천호수의 산책코스가 여러 코스로 만들어진 다품메뉴로 개발되어진다면 수요자의 여건에 따라 한층 이용도가 높이질 것이다. 긴 코스가 있는 반면에 짧은 코스, 더 짧은 코스라도 있으면 주어진 시간과 개인의 신체역량이나 기호에 따라 다양한 선택을 할 수 있는 기회가 주어지므로 지금보다 훨씬 인간 친화적인 호수가 될 것이다.

광교 원천호수가 주는 시원함, 청량감, 탁 트인 개방감은 눈을 시원하게 하여 매우 친시적親視的이다. 친시적이면서 물과 가까이 할 수 있는 친수적親水的공간과 접목할 수 있다면 광교 원천호수의 보물은 더욱 빛을 발하지 않을까. 즉 광교 원천호수의 산책코스를 현재의 단품메뉴에서 다품메뉴로 만들어 수요자의 니즈에 부응하도록 한다면 광교 원천호수는 진정한 명품 호수로 재탄생할 수 있을 것이다. 만약 중국집에 시원한 짬뽕을 먹고 싶어 갔는데 자장면 단품메뉴만 가능하다면 고객의 반응은 어떨까?

〈사진 2-4〉 일산 호수공원 : 호수공원 수면이 3개로 구분

출처 : https://blog.daum.net/wuban777/13427588

〈사진 2-5〉 광교 원천 호수공원 : 호수 수면전체가 1개로 구성

출처 : http://www.gglakepark.or.kr/sub01-1.php

제 3 장

도시와 아파트

제3장 도시와 아파트

1. 아파트 모습

- 도곡동 타워펠리스 102층의 꿈
- 기왕 살아야 할 아파트라면, 친시적(親視的) 아파트로!
- 아파트 윗집과 아랫집, 그리고 옆집, 이제는 생주(生住)근접으로!
- 1001호의 이사가 주는 교훈

2. 아파트가 길을 잃다 : 아파트의 역설!

- 역설 1. 아파트는 지역구가 아니라 전국구이다!
- 역설 2. 다양성과 개성보다는 획일화되어야 가격이 비싸다!
- 역설 3. 아파트는 부동산이 아니라 동산이다!
- 역설 4. 아파트는 땅에서 멀어질수록 가격이 비싸다!
- 역설 5. 대지지분이 작을수록 아파트 가격이 비싸다!
- 역설 6. 아파트 정책은 가로채기정책이며 분식정책(粉飾政策)이다!

3. 아파트가 가야할 길

제3장 도시와 아파트

1. 아파트 모습
· 도곡동 타워팰리스 102층의 꿈

사람은 많은데 땅은 좁고
늘릴 수도 없으니
하늘로 하늘로 올라가는 게 당연?
도대체 어디까지?

요즈음은 초고층 아파트가 대세이다. 고층일수록 경관view이 좋으니 가격도 천정부지로 치솟고 있다. 우리나라에서 초고층 아파트의 물꼬를 튼 것은 1999년 착공하여 2002년 10월부터 입주하기 시작한 서울시 강남구 도곡동 타워팰리스가 아닐까 여겨진다. 1997년 서울시 재직 시의 경험이다.

Tips; 고층건축물이란?

· 고층건축물: 30층 이상이거나 높이가 120m 이상인 건축물
· 준초고층 아파트: 30층 이상이고 50층 미만인 건축물이거나 높이 120m 이상이고 200m 미만인 건축물
· 초고층 건축물: 50층 이상이거나 높이가 200m 이상인 건축물

건축법 및 시행령 제2조

○○그룹이 강남구 도곡동 타워팰리스 개발계획을 서울시에 제출하였다. 당시로는 획기적인 102층 1동을 2003년 완공하는 것을 중심으로 하는 제안서였다. 당시 고층아파트라야 20층 전후일 때이니 파격적인 제안이었다. 서울시는 허가할지 여부를 두고 고민에 빠졌다. 제안서에는 102층 건물신축에 따른 주변 교통 및 환경문제를 해결하기 위하여 제안업체가 주변 도로정비 등 사회기반시설SOC에 소요되는 비용을 모두 자체로 해결하겠다는 제안도 계획서에 포함되었다.

결론을 내기가 쉽지 않아 흔히 사용하는 방법인 외국선진사례를 검토하였다. 세계에서 주거지로서 가장 높은 건물군을 갖고 있는 도시가 바로 뉴욕 맨하탄Manhattan이다. 맨하탄 센트럴파크 주변에는 초고층 주거용아파트가 즐비해 있다. 당시 서울

시에서 주택문제를 전담하고 있는 주택국장을 급히 뉴욕으로 출장을 보내어 가능성 여부를 타진해 오도록 하였다.

당시 주택국장의 귀국 설명회간부회의에서 여러 재미난 얘기들을 쏟아냈다. 우선 초고층 아파트에 접근 자체가 여의치 않았다고 한다. 이들 아파트는 워낙 고가라 웬만한 재력가가 아니고는 살수가 없으니 접근뿐만 아니라 정보통제가 상당하였다는 얘기다. 집 구경을 하려고 해도 방문자체가 거부되었단다. 할 수 없어서 대형부동산을 끼고 한국에서 온 재력가가 아파트 구입을 위해서라고 하면서 겨우 들어가 볼 수 있었다고 한다.

주택국장의 귀국보고를 듣고 여러 의견들을 종합하여 최종 결정을 하였다. 그 결정은 아직까지 우리나라에서 100층 높이의 아파트는 곤란하다는 것이었고, 이를 제안자한테 통보하였다. 난감하기는 ○○측도 마찬가지였다. 다시 서울시는 재논의를 거쳐 100층짜리 아파트가 아니라 50층 높이의 2개동으로 하자는데 대체로 의견이 모아졌다. 이는 인허가 과정에서 조정을 거치면서 최저 42층에서 최고 69층1차 42~66층, 2차 42~55층, 3차 42~69층으로 탄생한 것이 바로 서울시 강남구 도곡동의 타워팰리스이다사진 3-1 참조. 비록 지금 서울 송파구 잠실에는 123층 555m의 롯데타워가 들어섰지만 당시로는 파격적인 높이에 고민을 거듭하다 내린 결론이었다.

〈사진 3-1〉 도곡동 타워팰리스

출처 : https://namu.wiki/w/타워팰리스

    부산 출장길에 올랐다가 서울에도 흔하지 않은 수영만과 해운대 일대의 초고층 아파트군을 보고서 깜짝 놀랐다. 해운대 해수욕장 옆 엘시티는 국내에서 최고층 85층 아파트가 위용을 뽐내고 있다. 아파트 높이가 부의 척도가 되는 것인가? 순간 뇌리를 스치는 것은 안전상의 문제는 없을까, 아파트가 바다로부터 휘몰아치는 바람 길을 막으면 어떻게 될까 등 쓸모없을지 모르는 걱정이었다.

    우리나라는 매년 여름이면 태풍이 수차례 상륙하여 전 국토에 생채기를 내고 지나간다. 어떻게 하면 태풍의 피해를 줄일 것인가가 관건이다. 2020년에도 8월 27일에서부터 9월 7일까지 불과 약 열흘 사이에 '바비BAVI,' '마이삭MAYSAK', '하이

선HAISHEN' 3개의 태풍이 해운대 일대를 강타하였다. 태풍으로 해운대에 위치한 마린시티 일대에는 평균 초속 30m의 강풍이 몰아쳤고, 고층빌딩80-101층군 일대에는 초속 50m까지 빌딩풍이 휘몰아쳤다. 이로 인해 마린시티의 고층아파트 유리창이 강풍에 심하게 깨져버렸다사진 3-2 참조.

〈사진 3-2〉 태풍(빌딩풍)으로 해운대 마린시티의 고층아파트 유리창 깨진 모습

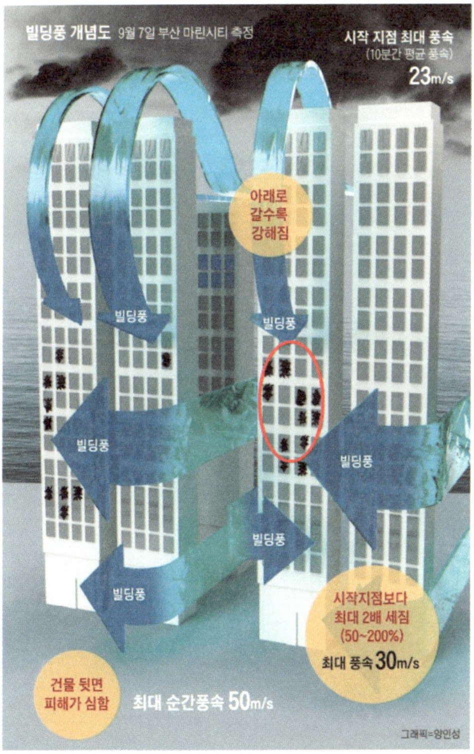

자료 : https://www.chisun.com/national_general/2020/09/09/CFZMGSNJFZBERNAJ45IEUVGH2Y/

고층으로 고층으로 치달으니 새로운 고민거리가 생겼다. 태풍에 따른 침수피해 예방대책은 물론이려니와 고층화로 인한 단순한 바람 길이 아니라 빌딩 풍을 제어할 수 있는 건축 및 설계기법의 도입이다. 하늘 높은 줄 모르고 치솟고 있는 아파트, 초고층 아파트와 좋은 도시에 어울리는 궁합은 있는 것인가? 있다면 빨리 찾아야 할 테고, 아니면 올바른 방향을 잡아야하지 않겠는가?

세월이 흐르면 사람도 늙어가듯이 지금은 화려한 저 고층아파트도 세월의 흔적을 제대로 지켜 나갈 수 있는 방법은 제대로 갖추었는지? 아파트가 높이 올라갈수록 가격도 올라가고 재해와 안전에 관한 문제도 더욱 중요해지고 있다. 더구나 아파트는 내구연한이 있기 마련인데 내구연한이 다하면 재건축이 가능할지, 인구는 계속 감소하는데 아파트에 대한 수요는 지속적으로 있을지도 염려되기도 한다. 모름지기 아파트는 거주기능이 본질일진데 부의 축적 수단으로 자리매김해도 괜찮은지? 머릿속에 스며드는 이런저런 생각이 나만의 괜한 걱정이었으면 한다.

• 기왕 살아야 할 아파트라면, 친시적親視的 아파트로

한국은 아파트 공화국이라고 하는데
기왕이면
아름다운 아파트 공화국의 모습으로!

프랑스 지리학자 발레리 줄레조박사가 1993년 처음 서울을 방문하면서 거대한 아파트단지를 접하면서 우리나라 아파트 주거문화에 대한 연구를 결심하였고 그 결과로『아파트 공화국』2007, 길혜연 역이라는 책이 탄생하였다. 프랑스에서는 실패한 주거모델이 왜 한국에서는 그렇지가 않은지 궁금해서 한국의 아파트에 대한 연구를 시작하였다고 한다.

대한민국은 한 마디로 '아파트 공화국'이라는데 이견을 달기가 어려울 듯하다. 2019년『인구주택총조사』에 의하면 아파트 거주가구가 51.1%통계청 2019년 인구주택총조사 결과/등록센서스 방식으로는 62.3%로 과반수를 상회하였고그림 3-1 참조, 수원시는 2020년 8월 말을 기준으로 58.8%로 나타났다. 수원시 4개 행정구 중에서 아파트의 비중이 가장 높은 곳은 영통구로 77.9%인 반면에 그동안 수원시의 중심지역할을 해온 팔달구는 40.9%로 아파트 평균치에 훨씬 미달하고 있다표 3-1 참조. 이는 수원시의 개발축이 팔달구에서 영통구로 변화하고 있다는 양상을 보여줌과 더불어 아파트 가격에도 영향을 미치는 것으로 여겨진다.

최근에 개발된 지역일수록 주변을 둘러보면 사방이 아파트가 병풍처럼 둘러서 있다. 거주공간으로서 아파트는 보안과 관리는 물론 다양한 편의성을 제공하는 장점이 있다. 여기에다 녹지축, 하늘 길, 바람 길도 살아날 수 있는 아파트단지로 만들고 가꿀 수 있다면 생태적이며 친환경적인 아파트, 친시적親視的 아파트로 거듭날 수 있을 것이다.

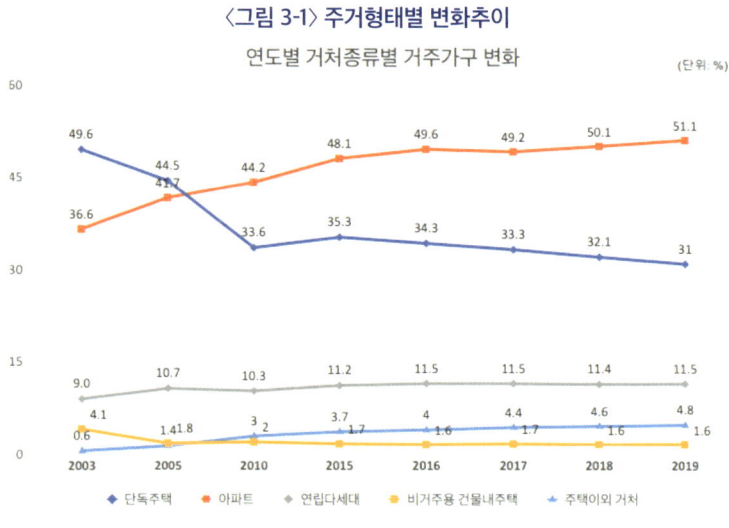

〈그림 3-1〉 **주거형태별 변화추이**
연도별 거처종류별 거주가구 변화

자료 : 통계청, 2019년 『인구주택총조사』

<표 3-1> 수원시 주택유형별 현황 및 아파트 비율(2020. 8)

구 분	수원시	장안구	권선구	팔달구	영통구
주택총계	459,766	110,597	145,878	76,035	127,256
단독주택	15,807	4,054	4,935	4,858	1,960
다가구주택 (동수)	107,877 (18,543)	29,612 (5,575)	33,041 (6,070)	24,072 (4,701)	21,152 (2,197)
다세대주택	56,380	19,299	21,095	13,677	2,309
연립주택	9,105	1,915	2,316	2,273	2,601
아파트	270,597	55,717	84,491	31,155	99,234
아파트비율(%)	58.8	50.3	57.9	40.9	77.9

자료 : 수원시 공동주택과, 2020. 8. 31 기준

　　아름다운 도시를 만들고자하는 열망은 우리 모두의 바람일 것이다. 고층아파트가 바람 길을 가로막음으로부터 초래하는 부작용을 극복하기 위해 바람 길을 이용한 도시계획, 아파트 건축계획이 도입되기 시작하였다. 바람 길이 막힌 아파트 단지는 여름에는 더욱 무덥고 미세먼지의 체류시간이 길어져 대기오염의 위험이 가중된다.

　　이제 획일적인 높이의 병풍같은 아파트가 아니라, 비록 고층화하더라도 높낮이의 조절과 인동隣棟간격 및 아파트배열구조를 잘 조화시켜 바람이 지나갈 수 있는 통로바람길, 푸른 녹지가 단절됨이 없이 이어진 녹지길, 멀리서도 아파트 사잇길로 파란 하늘이 보이는 하늘길이 보이는 아파트를 지어야 그나마 '아파트 공화국'의 자존심을 세울 수 있지 않을까?

흔히 아파트하면 표준화, 규격화, 획일화한 건물군이 연상된다. 아파트는 건물이니 전형적인 하드웨어인 셈이다. 보존가치가 높은 건축물이 아니므로 내구연한이 다하면 언제 헐릴지도 모른다.

> Tips; 건물과 건축물, 기와집과 한옥
>
> 건물의 요체는 경제적이며 상업적 가치가 핵심이다. 즉 자산개념이 지배적이다. 경제적 가치에 따라 쉽게 짓기도 하고 쉽게 헐리기도 한다. 반면에 건축물은 경제적 가치에 예술적, 미적, 장소적, 역사적 요소 등이 함께 어우러졌다고 볼 수 있다. 그러니 건축물을 짓는데는 온갖 정성이 함께하기 마련이고 여러 가지 가치로 쉬이 파괴하거나 헐기도 쉽지 않다. 즉 개인의 자산이기도하지만 사회적 자산이기도한 것이다.
>
> 비유하면 우리나라의 전통적인 주거형태인 기와집은 건물에 해당하는 셈이지만 한옥은 건축물에 해당하며 보존의 대상이 되는 이유이다. 서울의 북촌을 보전하고 한옥마을이 뜨는 까닭이기도하다. 서현 교수는 용도가 사라져도 존재의 가치가 있으면 건축이고, 용도가 다했을 때 철거 되는 것이 건물이라고 한다. 따라서 건축은 사회문화적 자산이지만 건물은 사적 재산이라고 한다중앙일보, 2021. 6. 4. 줄레조 박사가 지적한 것처럼 한국은 '아파트공화국'을 벗어나기는 어려울 듯하다. 기왕 아파트공화국이려면 획일적인 건물과 명칭으로 특징지워지는 아파트공화국이 아니라 건축물로 자리매김할 수 있는 아파트를 건축하면 더욱 돋보이는 아파트공화국이 되지 않겠는가?

흔히 '피할 수 없다면 즐겨라'라고 한다. 어차피 아파트에서 살아야 하고 함께할 주된 거주공간이라면 즐길 수 있는 방법을 찾고 행복하게 살 수 있는 삶의 터전으로 만들고 가꾸어 나가야 할 책무도 우리에게 있다. 이제부터라도 지금보다 훨씬 품격 높은 아파트단지를 만드는 것은 우리 모두의 손에 달렸음을 인식하고 고민해야 되지 않을까?

우리 아파트 단지만의 아집에서 조금만 벗어나면 이웃아파트단지와 더불어 함께하며 우리 공동체 모두를 위한 아파트단지로 재탄생할 수 있다. 이를 위한 단지설계와 설계기법의 도입이 필요하다. 이를 테면 우리 아파트단지만의 단지설계Site Planning가 아니라 이웃아파트단지와 함께 어우러지는 메가단지설계Mega-Site Planning 개념을 도입하면 지금보다는 한층 격조 높은 아피트단지 공동체가 탄생할 수 있으리라. 이를 위해 정부와 지자체도 고민하고 시민도 동참해야 하지 않겠는가.

• **아파트 윗집과 아랫집, 그리고 옆집, 이제는 생주生住근접으로!**

병 주고 약 주는 도시계획
그래서 직주근접職住近接이 해법으로 등장하였는데 -
이제는
직주근접이 아니라 생주근접生住近接으로!

대한민국의 주거형태는 아파트가 대세다. 통계청의 2019년 『인구주택총조사』에 의하면 아파트거주자가 63.1%[10]로 나타나고 있다박철수, 한국주택 유전자 1-2, 마티, 2021; 중앙일보, 2021. 6. 12-13. 상대적으로 아파트가 적은 농촌이나 소규모 도시를 제외할 경우, 도시의 아파트 거주자는 훨씬 높아질 것이다.

아파트 거주가 보편화되면서 예상외의 복병이 심심찮게 나타나 도시민의 삶을 황폐화시키는 현상이 종종발생하고 있다. 바로 이웃 간의 갈등이다. 특히 아래층과 윗집 간의 층간 소음 문제로 종종 인명사고까지도 발생한다. 코로나19로 이런 현상은 더욱 증가하고 있다. 왜 이런 일이 빈발할까? 가장 직접적인 이유는 아파트설계 및 시공 상의 문제이다. 하지만 다른 복병이 존재하고 있음을 간과하고 있지는 않은지? 기본적으로 아파트는 높이 지향적이다. 아파트가 높이 올라 갈수록 기업은 이윤추구에 유리하고 공공은 주택문제해결에 도움이 되니 '누이 좋

---

10) 2019년 통계적 자료에 의하면 아파트 거주가구로는 51.1%로 나타나고 있음.

고 매부도 좋다'고나 할까.

 아파트가 높아질수록 지상과의 거리가 멀어지고 아래로 내려오기가 어려워지니 자연스럽게 아파트란 공간이 거주공간이면서 놀이터요, 휴식공간이 될 수밖에 없다. 놀이터니 당연이 뛰기도 하고 협소한 휴식공간이 되다보니 자기도 모르는 사이에 스트레스가 쌓이게 되어 조그만 반응에도 민감해지기 십상이다. 이는 이웃에 대한 이해와 배려보다는 갈등의 표출로 이어지기 마련이다.
 그럼 쿵쿵거림과도 별로 관계가 없는 아파트 이웃옆집과는 갈등관계가 아니고 호혜적 관계인가? 반드시 그런 것 같지는 않다. 이사를 오가도 옆집에 알려주고 인사를 하지 않고, 알려고 하지도 않는 것이 일반적인 모습인 것 같다. 간혹 엘리베이터에서 마주치면 석고상이 된 듯 마뜩잖은 표정이다.

 어릴 적 모습으로 잠간 되돌아보면 아침에 대문을 나서면서 마주치는 이웃과는 서로 인사로 하루를 시작한다. 인사뿐만 아니라 모처럼 집에서 특식이라도 있는 날이면 이웃과 나누면서 정으로 소통하는 것이 일상사였다. 아파트란 공간이 자리하면서 이러한 모습은 사라져버렸다. 그렇다고 오늘날 우리는 아파트란 공간을 벗어난 거주공간을 확보하기도 여의치 않다. 그럼 우리는 계속 이런 모습으로 살아가야만 할 것인가? 아파트에 살면서도 이웃과 갈등관계가 아니라 상호 소통하면서 과거 우리들의 아름다운 동네 이웃관계로 거듭 날 방안은 없을까? 개체로서의 개별 아파트보다는 아파트 공동체로서의 위상을 확립하도록 하는 것이다.

아파트 설계만 조금 바꾸면 지금보다는 훨씬 소통문화가 활성화할 여지도 충분히 있다. 현재 아파트 건축은 대부분 분양 목적을 위한 구조로 건축되고 있다. 아파트 거주민을 위한 공용공간이 거의 없다는 사실이다.

이제 아파트 거주민을 위한 공용공간, 즉 제3의 공간The 3rd Place도 함께 짓도록 해야 한다. 이를 테면 아파트 1층과 2층은 기본적으로 아파트 입주민을 위한 공용공간으로 꾸미는 것이다. 1층은 필로티형태로 개방하여 공기와 바람도 통하고 아이들이 마음껏 뛰놀 수 있는 공간으로 만들고 2층은 주민편의 및 복지시설 중심으로 꾸미는 것이다.

여기에는 마을회관, 아이돌봄방, 공부방, 작은 도서관, PC방, 헬스장, 노인돌봄센터, 노인정 등 주민들의 여망을 담은 공간으로 만들면 어떨까? 물론 현재도 아파트를 건축할 때 주민을 위한 일부 시설을 도입하고는 있다. 하지만 보다 다양한 공동시설을 접근성이 좋은 곳에 더욱 적극적으로 도입하여 주민이 우연히 마주치는 공간을 더 많이 확보하도록 하는 것이다.

> **Tips; 제 3의 장소 The 3rd Place**
>
> 도시사회학자 레이 올든버그Ray Oldenburg가 만든 용어로서 가정제1의 장소과 직장제2의 장소 외에 동네 사람들이 자연스럽게 만나 교류할 수 있는 작은 카페, 서점, 동네 술집 등을 의미한다. 이러한 장소는 시민사회와 민주주의, 공동체 사회를 조성하는 기반이 되므로 중요하다. 아파트는 단절과 분절된 공간의 상징이다. 따라서 아파트에 올든버그가 주장하는 제3의 장소가 더욱 필요한 까닭이기도하다.

직주근접職住近接은 도시계획 수립 시 중요한 요소로 자리하고 있다. 일터와 쉬는잠을 자는 공간이 멀어지다보니 교통량이 늘어나고 교통체증과 환경오염이 증가함에 따른 결과였다. 그런데 우리나라도 맞벌이 부부, 1인가구, 재택근무 증가 등 새로운 사회현상이 나타남에 따라, 이제는 직주근접 못지않게 생주근접生住近接이 절실히 필요하다.

생주근접이란 생활공간과 주거공간을 근접화하여 일상생활의 편의성을 증진시키는 것이다. 이제 우리나라도 선진국과 같이 맞벌이가 보편화하고 있다. 아이들과 어린이들 보육 및 육아, 등하교, 방과 후 교실, 어르신 돌봄시설 등 각종 복지시설과 문화시설들이 주거공간과 가까우면 가까울수록 생활의 편리성이 증진될 수 있다. 이는 저출산문제 극복에도 기여할 여지가 있다. 이들 공간은 집에서 간편하고 편한 복장으로 슬리퍼를 신고서도 일상생활에 필요한 기능을 충족시키도록 하는 것이다. 요즈음 MZ 젊은 세대들은 집에서부터 슬리퍼를 신고 편하게 나다닐 수 있다는 의미에서 '슬세권'이라고도 한다.

> Tips; '슬세권'의 진화
>
> 코로나19가 급습하면서 생활패턴에도 많은 변화가 나타나고 있다. 재택근무, 온라인 강의 등으로 이제 집이 일터이면서 쉼터이기도 하다. 집에서 머무르는 시간이 많아지다 보니 집을 중심으로 하는 생활공간이 점차 중요해지고 있다. 이른바 집에서 슬리퍼를 신고 나다닐 수 있는 슬세권의 중요성이다. 이제 이러한 현상은 '편세권'편의점+세권, '레세권'레스토랑+세권, '맥세권'맥도날드+세권, '스세권'스타벅스+세권 등으로 진화하고 있다.

이젠 도시계획도 직주근접뿐만 아니라 생주근접개념이 접목되도록 해야 한다. 생주근접이 되기 위해서는 앞으로 아파트 건축 시에는 아파트 거주민들의 공용공간을 위한 제3의 공간 계획Planning of the 3rd Place도 함께 하도록 해야 한다. 또한 재개발이나 재건축시에도 생주근접이 적극적으로 반영되도록 해야 편리한 도시공간이 연출될 수 있다. 일종의 근린생활시설 계획 Neighborhood-convenience Facilities Planning이라고나 할까. 주민의 상업 및 교육, 문화적인 기본욕구를 충족시켜주는 근린생활시설을 주거지 내에서 적당한 위치에 계획적으로 배치하여 주민의 삶의 편의성을 도모해야 할 것이다. 이를 위한 제도적 기반을 마련·강화해야 하며 특히 재개발이나 재건축시 개발에 인센티브를 제공하여 이러한 시설을 유도하도록 해야 한다.

> Tips; 제3의 공간계획 Planning of the 3rd Place
>
> '이웃사촌'이란 말이 있다. 떨어져 있는 친인척보다도 물리적으로 가까이 있는 이웃이 낫다는 전통적인 우리 국민들의 정겨운 마을을 표현하는 말이다. 주거형태가 아파트가 대세가 되면서 이웃과의 물리적 거리는 엄청 가까워졌다. 벽 하나를 사이에 두고 있으니 30cm 남짓이다. 물리적 거리가 훨씬 가까워졌으니 이웃과의 소통도 한층 돈독해지는 것이 정상인데 실상은 그 반대다. 이는 그동안 수평적 주거공간이 수직적 주거공간으로 변한데 따른 결과이다.
>
> 물리적 거리가 가까워졌으니 마음의 거리도 더욱 가까워져 이웃사촌이란 용어도 한층 활기를 띠도록 해야 하지 않겠는가. 물리적 거리만큼 마음의 거리도 가까워져야 우리의 아파트도 즐거운 쉼터가 될 것이다. 정겨운 아파트문화는 저절로 형성되는 것이 아니므로 우리가 어떻게 만들어 나갈 것인가를 찾고, 다가가고, 나부터 솔선수범 모습을 보이도록 하자! 이를 위해 아파트 건축 시에는 아파트 공동체를 위한 제3의 공간계획 Planning of the 3rd Place을 세우도록 하자.

• 1001호의 이사가 주는 교훈

대한민국은 자원빈국이라
어느 때는 해외 자원개발에 혈안이 되기도 하였다.
그런데
이사 가는 모습을 보면
자원빈국이 아니라
마치 자원천국이다!

한동안 수원에 살면서 25층 아파트의 10층 1002호에 살았다. 아침에 출근하기 위해 아파트 현관문을 나서니 옆집 1001호가 이사를 가는 모양이다. 1001호 주인남자는 아파트단지 내 헬스장에서 자주 마주치는 터라 이사를 가면 알려주기라도 했으면 하는 서운한 생각이 스친다.

가만히 생각해보니 1-2주 전부터 1001호 앞에 쓸만한 물건들이 널부러져 있었다. 이사를 갈 때 버리고 갈 물건들을 정리할 요량이었나 보다. 저녁에 돌아와서 딸아이에게 옆집이 이사 가는 것을 알았냐고 물어보니 자기도 모른단다. 바로 옆집에서 몇 년을 함께 살면서도 이사 가는 사실조차 알려주지 않는 것이 아파트 문화가 된 것 같아 씁쓸하다.

여기서 두 가지 궁금증이 생겼다. 하나는 멀쩡한 물건들을 버려야만 하는 안타까움이고, 다른 하나는 이사 가면서도 옆집에까지도 작별인사를 하지 않는 아파트생활의 무미건조함이다. 출퇴근을 하면서 이사하는 장면을 자주 목격하게 된다. 불현 듯 우리주변 아파트에서 이사하시는 분들은 대체로 이와 비슷한 모습이 아닐까?

'80년대 중반, 미국에 유학을 가서 맨처음 한 일이 거주할 거처를 마련하고, 이어서 이동수단자동차과 가재도구를 준비하는 것이었다. 그때 주말만 되면 자동차를 타고 필요한 가재도구를 마련하는 재미에 빠진 적도 있었다. 경제적 능력도 없거니와 유학으로 왔으니 몇 년 동안만 사용할 물건들이 필요했으니 굳이 비싸고 좋은 새 물건을 구입하기 위해 쇼핑몰이나 백화점을 이용하기에는 부담스러웠다.

대타로 등장한 것이 한국에는 없는 '야드세일Yard Sale'이었다. 주말만 되면 야드 세일 탐방에 나섰다. 당시에는 우리나라에는 없는 것이니 신기하기도 하고 꽤나 좋고 유용한 물건들이 많았고 구입도 하였다. 여기서 놀란 것은 여성용 속옷까지도 깨끗하게 세탁해서 팔고 있고 사가는 사람들도 제법 있다는 사실이었다. 미국 사람들은 참 검소하기도하고 자원 재활용을 잘 하고 있구나 하는 생각을 지울 수 없었다.

1001호가 이사 가는 장면을 보면서 불현 듯 미국에서의 '야드세일'이 떠올랐다. 사용할만하고 아까운 물건들을 마구 버릴 것이 아니라 다시 잘 활용될 수 있다면 얼마나 좋겠는가. 매월 한두 차례라도 주말장터 '아파트형 아름다운 장터'를 개설하면 모두에게 유용한 장터가 되지 않을까? 일상의 생활공간에서 이 '아름다운 장터'는 『아름다운 가게』의 보완적인 역할을 하는데 손색이 없을듯하다. 조만간 '아파트형 아름다운 장터'가 개설되고 이것이 전국적으로 확장되면 환경도시, 녹색도시가 되어 이 사회는 한층 더 지속가능한 사회가 되는데 일조하리라!

자연스레 이 장터는 단절된 아파트사회가 소통으로 이어지는 가교역할도 덤으로 할 수 있을 것이다. 이는 아파트공동체의 하모니를 위한 제3의 지대가 될 수 있다. 필자의 하루시작은 25층짜리 아파트 엘리베이터를 타면서 시작한다. 엘리베이터를 탈 때마다 석고상 같이 굳은 얼굴을 대하게 된다. 이건 아니다싶어 나부터 먼저 아침인사를 건넸다. 그러면 하는 수 없이 답신이 오긴 하는데 못내 어색한 모습이다. 그래도 계속 인사를 했다. 연 이은 인사에 일부는 반가운 모습으로 하루를 시작하는데, 일부는 그래도 여전히 본래의 모습을 견지하는 듯해서 마음이 무겁다. 30cm도 안되는 벽을 사이에 두고 언제까지 허공에 뜬 공간에 갇히어 살아야하는지? '아파트형 아름다운 장터'가 30cm 벽을 허무는 가교가 되기를 간절히 바란다.

2. 아파트가 길을 잃다 : 아파트의 역설!

주택문제로
정부도, 국민도 고통받고 있다.
주택 중에서도
아파트란 놈이 더욱 골칫거리다.
그런데
거주공간으로서의 본 모습과 배치되는 아파트의 모습
바로 아파트의 역설이다!

• 역설 1. 아파트시장은 지역구가 아니라 전국구이다!

아파트 거주공간은 지역을 단위로 하는 지역구 중심인데 비하여 아파트 시장은 전국을 단일시장으로 하는 전국구 중심이다.
 흔히 도시국가하면 싱가포르나 홍콩을 떠올린다. 하지만 대한민국도 도시국가와 마찬가지이다. 이미 대한민국은 100명 중에서 약 92명이 도시에 살고 있다. 대한민국 국민은 대부분이 도시인, 호모 어버너스Homo Urbanus인 셈이다. 서너 시간이내 웬만하면 전국 어느 곳이던지 갈 수가 있다. 도로망의 확충과 KTX란 교통수단이 한국을 도시국가로 나아가는 기폭제 역할을 했다그림 3-2 참조. 코로나19는 이를 확인하는 계기가 되었다.
 2020. 5. 5. 0:30~6:00 이태원 K-CLUB에서 나이트를 즐

기던 고객들이 새벽에 헤어지면서 당일當日 전국으로 코로나19 확진자가 확산·전파되었으며 심지어 제주도까지 전파된 것으로 확인되었다. 미국 UC 버클리와 영국 임페리얼 칼리지의 공동연구분석결과과학저널 네이쳐지에 의하면 만약 한국이 코로나19 초기에 제대로 대응하지 못하였다면 코로나19에 따른 감염피해는 전 인구의 약 75%인 3,800만명으로 추정되기도 했다최병대, 2021: 38. 이는 한국이 고밀도·고접촉 국가이며 도시국가임을 방증한다고 볼 수 있다.

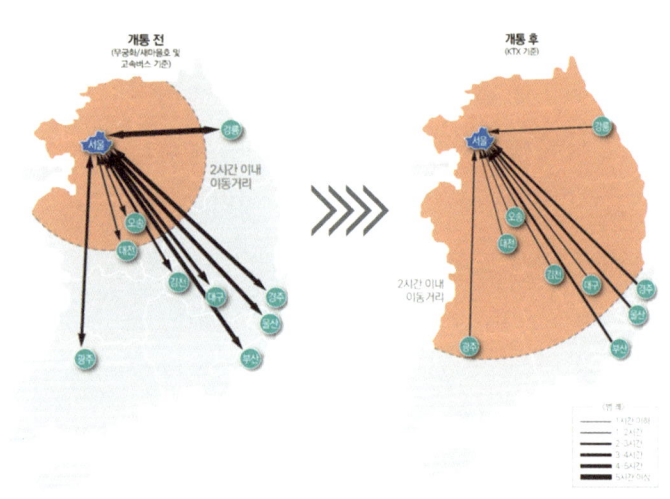

〈그림 3-2〉 KTX 개통전후의 시간거리 변화양상

출처 : 최병대, 『포스트코로나를 대비하라』 일상이상, 2021, 46.

도시국가란 마치 하나의 도시처럼 이동이 자유롭고 일상생활 권화 된 국가이다. 사람의 이동이 자유롭다니 보니 현금Cash과 재화의 이동은 더 자유로울 수밖에! 재화 중에서도 필수재화이 면서 고가로 거래되는 것이 바로 거주하는 아파트다. 아파트는 부동산의 대표격이며 속성상 장소적 이동이 불가능하다. 특정 지역에 아파트 수요가 증가한다고 해서 단시간에 토지를 늘려 서 공급할 수가 없어 많은 사회적 문제를 야기시킨다.

부동산의 이러한 특성은 정부가 주택문제에 관여하는 요인 이기도하다. 문재인 정부에서는 유달리 주택문제로 곤혹을 치 르고 있다. 임대차3법전월세신고제, 전월세상한제, 계약갱신청구권제, 다 주택자 중과세 제도 등 수많은 정책들을 양산했지만 주택문제 를 해결하기는커녕 오히려 문제해결을 악화시켰다.

대표적인 예를 들면 다주택자 중과세 제도는 똑똑한 1채로 시장을 왜곡시키는 요인으로 작용하고 있다. 이는 도시국가인 우리나라의 속성에 기인하는 바가 적지 않다. 다주택 소유자는 폭증하는 세금을 이겨내기 어려우니 투자가치가 높은 서울의 똑똑한 1채로 수요가 몰리는 현상으로 표출되고 있다.

세종시로 기관이 이전하는 공직자가 아파트 특별공급을 통 하여 분양받자마자 시세차익을 고스란히 남긴 채 매도해 버리 고 똑똑한 1채를 고집하려고 한다. 일반국민들도 기왕 아파트 를 살려면 투자가치가 높은 똑똑한 1채를 사게 되는 구조이다.

그래서 자기가 사는 지역 아파트는 전세를 살면서 똑똑한 1채가 밀집한 타지역 아파트를 소유하는 현상이 발생한다.

그러다보니 똑똑한 1채가 밀집한 지역은 전 국민이 선호하는 "전국구 아파트"인 셈이다. 똑똑한 1채가 포진한 강남3구의 5층 이상 아파트수를 살펴보니 340,570채이다. 그럼 고가의 강남3구 똑똑한 1채를 매입할 수 있는 구매력을 가진 자는 얼마 정도일까?

2019년 금융자산만 10억 원 이상인 자는 354,000명으로 나타났다KB경영연구소, 2020한국부자보고서; 한국경제 2021. 5. 31. 또한 국세청의 2018년 귀속 금융소득 종합소득세 신고현황에서 금융소득 2천만 원 이상인 자는 약 13만 명이며, 근로소득 연말정산 인적 기본공제금액이 8천만 원 이상인 자가 947,413명 인 것으로 나타났다표 3-2 참조.

이들이 모두 똑똑한 1채의 잠재 구매수요자라고는 보기 어려울지라도 강남3구의 아파트 물량보다는 많음을 부인하기 어렵다고 판단된다. 강남3구 똑똑한 아파트 1채의 수요와 공급 불일치 현상을 벗어나기 어려운 구조공급보다 수요자가 훨씬 많은 구조이며 이는 똑똑한 아파트 1채 가격의 상승구조로 이어진다. 한국은 도시국가이다 보니 재화가 대도시로, 거대도시로 총 집결하고 있다. 그러니 "전국구 아파트"는 더욱 위력을 발휘한다.

〈표 3-2〉 강남3구 아파트 현황과 고소득자 및 자산가 현황

강남3구 아파트 현황(5층 이상)			
서초구	강남구	송파구	합계
92,106	122,664	125,800	340,570

근로소득 연말정산 인적 기본공제 합계 신고 현황					
8천만 ↓	1억 ↓	3억 ↓	10억 ↓	10억 ↑	합계 (8천만원↑)
10,406,030	441,532	477,668	25,751	2,462	947,413

금융소득 종합과세 신고자 현황					
0.2억~0.46억원	1억 ↓	3억 ↓	5억 ↓	5억 ↑	합계(2천만↑)
75,189	28,543	17,321	3,358	4,556	128,967

자료: 통계청, 국세청

아파트시장은 속성상 지역구가 바람직하다. 왜냐하면 일터가 있는 지역의 가까운 거리에 편히 쉴 수 있는 집이나 아파트가 있는 것이 소망스럽다. 아파트 시장은 투자대상으로서 전국구가 되기보다는 삶의 보금자리로서 지역구 중심이어야 거주공간으로서의 소중한 가치가 잘 발현될 수 있다.

아파트 시장이 기업브랜드 중심인 전국의 단일시장구조에서 지역성地域性이 살아 숨 쉬는 지역구 아파트시장 구조로 전환되도록 유도해야 한다. 이제는 전국을 단위로 하는 똑똑한 한 채가 아니라 내 일터에서 가까운 아늑한 "지역구 아파트" 한 채가 필요한 부동산정책의 탄생을 국민들은 기다리고 있는 것이다.

그럼 대안은 없는가? 먼저 1주택 실거주자 우선의 주택정책이다. 주민등록 주소에 기반한 주택정책, 아파트 정책이라야 전국구가 아니라 지역구 주택시장이 활성화될 수 있다. 또한 똑똑한 한 채로 쏠리는 원인을 최소화시켜야 한다. 똑똑한 한 채는 집의 보유에 대한 총량을 규제함에 따른 결과이다. 주택의 수에 대한 총량규제를 자산규모로 전환하면 똑똑한 한 채의 위력은 줄어들 것이다. 다주택자에 대한 세금 중과세는 종량세의 전형이다. 그러다보니 똑똑한 한 채가 위력을 발휘하게 되고 강남3구나 마··용··성마포·용산·성동의 쏠림현상으로 귀결되고 있다.

일례로 제주도에 있는 농가주택을 보유한 서울거주자가 다주택으로 인한 세금이 중과세되자 농가주택을 허물어버리는 기현상이 발생하기도 하고, 농촌이나 지방의 문화재적 가치가 있는 문중재산건축물들의 멸실로 이어지기도 한다. 만약 A가 시골의 농가주택 한 채와 도시의 일터에서 아파트 한 채를 가지고 있는데 주택 총 가격이 15억 원이라고 가정하자. B는 서울 강남 3구의 똑똑한 한 채만을 가지는데 아파트 가격이 30억 원이고 기대이익이 A보다는 훨씬 높다. A는 집 두 채에 따른 세금부담 때문에 서둘러 시골집을 처분할 것이다. 지방소멸위기에 직면한 농촌 주택을 누가 사겠는가. 공가空家가 되거나 집을 허물어버릴 것이다. 사회적 자산의 낭비 또는 멸실로 이어지기 십상이다.

주택의 수에 기준하기 보다는 자산규모에 부응한 정책수단을 활용하면 사회적 자산의 손실도 방지할 뿐만 아니라 세수증대 효과누진세율의 적용 등도 기대할 수 있다. 종량세와 종가세의 절묘한 조합과 적절한 궁합을 찾아야 한다. 아무리 좋은 정책도 살아 움직이는 시장을 이기기는 쉽지 않다.

따라서 부동산정책은 합리적이고 다수가 공감할 수 있는 현실적인 목표를 설정하고 시장의 반응에 탄력적으로 대응하도록 해야 한다. 주택정책은 시장을 이기기 위한 정책보다는 시장을 유인할 수 있는 정책이라야 성공가능성이 높다.

• 역설 2. 다양하고 독창성을 추구하기보다는 획일화되어야 가격이 비싸다!

산업혁명이 일어나고 능률중심의 대량생산공급체제가 경쟁력을 발휘하였다. 하지만 소비자들의 기호가 변하고 개성을 중요시하면서 대량생산공급체제는 다품종소량생산체제에 밀리기 시작한지 오래되었다. 그런데 우리나라의 주택시장, 특히 아파트시장은 대량생산공급체제가 여전히 위력을 발휘하고 있다.

인간은 본능적으로 남들보다 차별화되고 자기만의 개성을 중요시한다. 멋을 부리기 위하여 고급백화점에 가서 자기만의 개성을 한껏 살릴 요량으로 비싼 옷을 구입하여 입고 나들이를 한다. 나들이에서 마침 자기가 비싸게 구입한 것과 똑 같은 옷을 입은 사람을 보았다면 어떻겠는가? 집에 돌아오자마자 비싸게 싼 옷을 쓰레기통으로 내던질지도 모를 일이다. 그런데 아파트는 개성을 추구하기보다는 획일성을 추구해야 값어치가 올라간다.

아파트가 투기의 대상이 되어버린 지가 어제 오늘이 아니다. 이는 아파트의 상품가치 때문이다. 어느 지역, 어느 도시를 가더라도 지역의 특성이나 정체성Identity과는 상관없이 비슷한 대기업 상호만이 판을 치고 있다. 즉 기업의 지명도가 아파트 가격형성의 중심이 되고 현금성 재화로서의 위력을 발휘하고 있다. 아파트가 거주공간으로서 대세이다 보니 어디를 가도 지역적 특성이 사라지고 거의 비슷하게 지어진 아파트가 주축이 된 획일화된 도시공간이 조성되어 있다.

아파트 가격이 오르면 오를수록 아파트를 소유한자와 그렇지 못한 자들 간 소득격차는 더욱 확대될 수밖에 없으며, 계층 간 갈등도 증대되어 사회 전반적으로 불안감과 위화감이 증가하게 되는 것이다. 아파트 가격이 올라가니 세금도 올라가게 됨으로써 결국 모두 피해자가 된다. 어떻게든 해법을 찾아야 한다.

어느 도시를 가도 비슷한 외양과 유사한 대기업 상호를 사용하는 획일적인 아파트단지를 개선할 수는 없을까? 방안으로는 지금까지 4인 가족 중심의 표준형 아파트모델을 가구 구성원의 변화에 따라 다양하고 지역의 특색을 살린 지역친화형 모습으로 바꿀 경우 용적률 인센티브 등을 제공하는 것이다.

우선 기업이 지배하는 도시의 아파트 네이밍브랜드/명칭이라도 바꾸도록 유도해보자. 그러면 재화로서의 가치보다는 지역의 거주기능의 본래적 가치에 한걸음 다가가는 계기가 마련될 수 있지 않을까? 획일화된 도시아파트 모습보다 도시마다 다양화하면서 지역성을 살리는 방안을 고민을 해야 한다.

• 역설 3. 아파트는 부동산이 아니라 동산현금이다!

아파트는 전형적인 부동산의 한 유형이다. 동산이 아니고 부동산이다 보니 현금화하기에는 다소 시일이 소요되기 마련이다. 하지만 실상은 전혀 다르다. 만약 아파트를 시세보다 조금만 싸게 급매물로 내놓으면 오늘이라도 당장 현금화가 가능한 것이 현실이다. 그러니 아파트를 동산이라 하더라도 과언過言이 아니다.

문재인 정부는 역대 어느 정부보다도 부동산문제로 곤혹을 치르고 있다. 새로운 정책을 쏟아낼 때마다 아파트값이 폭등하더니 결국 해당장관을 연이어 교체하였다. 신임장관은 이 문제에 대하여 어떤 해법을 내놓을지 궁금해진다. 과연 해결가능한 방법이 있을까?

　과거 개발연대인 3공화국 시절에 부를 손쉽게 축적하는 방법은 개발정보를 독점하는 것이었다. 특히 개발정보와 정치권력을 가진 정치인들이 지역발전을 기한다는 명목으로 개발권을 남용하기도 하였다. 당시 한 사례를 소개하면 해당지역구의 국회의원이 토지를 매입하면 이정보를 알아차린 지역주민은 그 토지와 인접한 토지를 매입하였다. 결국 일정기간이 지나면 이 토지는 개발이 되면서 이웃 토지를 매입한 지주도 덩달아 엄청난 부富를 축적하기까지 하였다.
　그런데 이제는 토지개발이 여의치 않자 재개발이나 재건축으로 눈이 쏠리게 되었다. 모국회의원이 자기 고향의 재개발계획을 독려하고 본인뿐만 아니라 가까운 지인들까지 낙후한 주택들을 매입하도록 하여 세간의 눈살을 찌푸리게 하였다. 얼마 전에는 아파트를 개발하는 업무가 주된 기능인 LH공사의 임직원들과 그 지인들까지 개발정보를 사적으로 이용함으로써 전국이 부동산투기 광풍으로 몸살을 앓고 있다.
　최근에는 성남시 대장동일대 개발과 관련하여 민간 개발업자 서너명이 수백억원에서 수천억원까지 개발이익을 독식하는 구조로 전개되고 있어 국민들의 공분을 싸고 있다. 지금까지 부동산투기의 정점을 보는듯하다. 예나 지금이나 왜 권력과 공적 정보가 사적으로 남용되고 있는 것을 근절하지 못하는지?

언제부터인가 집은 거주공간이라기 보다는 부의 축적수단으로, 또는 부동산이라기보다는 실상은 동산에 가까울 뿐만 아니라 재화의 척도로 자리매김하고 있다. 즉 집은 부동산이 아니라 언제나 현금화가 가능한 유동자산으로 동산의 전형적인 모습으로 각인되고 있다. 문제는 모든 집이 그렇다는 것이 아니라 거주공간 중에서도 아파트가 환금성이 가장 높다보니 현금 현금성 자산인양 거래가 이루어지고 있다는 점이다. 강남3구서초구, 강남구, 송파구의 똑똑한 아파트 1채 가격이 치솟는 까닭이기도 하다. 아파트가 투자의 대상으로 자리매김하기 보다는 거주공간으로서의 본래적 가치를 회복하도록 해야 한다.

Tips; 아파트 지하침수로 가구당 15만원 보상도 거절, 왜?

○○○○년 8월에는 태풍 '위니'로 인하여 서울시 일대가 큰 피해를 입었다. 특히 강남일대의 피해가 예상외로 심각하였다. K구 ○○동 일대의 고층아파트 지하주차장이 침수되어 한 동안 아파트 전체가 정전이 되는 사태가 발생하였다. 한 여름에 정전이 되니 냉장고의 기능이 마비되고 식음료 조달을 위해 고층에서 내려오기가 여의치 않았을 뿐만 아니라 특히 기동성이 떨어지는 노인이 거주하는 아파트에서는 큰 홍역을 치르기도 했다. 당시 서울시는 아파트지하 침수에 따

른 책임을 통감하고 피해조사에 착수하였다.

피해조사결과에 따라 가구당 15만 원을 지원하기로 결정서울시 내 부회의하고 각 세대에게 이 사실을 알렸다. 그런데 예상외의 답변이 왔다. 피해보상을 거절한다는 것이었다. 이유인즉 아파트 침수사실이 외부에 알려지면 아파트 가격의 하락으로 이어질 수 있을 것이라는 우려 때문이었다. 사실 당시에 이 사실은 주민들의 강력한 정보보호조치로 외부에 크게 알려지지도 않았다. 이는 우리가 사는 아파트가 거주공간으로서의 의미보다는 재화로서의 가치가 더욱 중요하게 자리매김하고 있음을 보여주고 있다.

- 역설 4. 땅에서 멀어질수록 아파트 가격이 비싸다!

대부분의 사람들은 아파트를 선호한다. 그것도 저층 아파트보다는 고층아파트를 좋아한다. 높으면 높을수록 전망view이 좋으니 가격도 상대적으로 높은 편이다. 그러면 지위도 덩달아 올라가는 건가? 인간은 한 평생 땅에서 살면서 땅속으로 가는데 아파트 가격은 땅에서 멀어지면 질수록 가격이 비싸진다.

고층아파트에 살아보니 불편한 것이 한두 가지가 아니다. 잠을 자고 일어나 아침에 바깥세상이 궁금한데 바로 확인하기가 쉽지 않다. 아침에 눈을 뜨면 밖에 비가 오는지, 바람은 부는지, 불면 어느 정도인지, 하늘이 맑은지 흐린지? 창문을 열고 밖을 보면 앞뒤좌우에는 아파트가 병풍처럼 버티고 서있고, 땅은 한참 아래에 있으니 나뭇잎 소리도 쉬이 들려주지 않는다. 게다가 아파트 문을 드나들 때마다 무미건조한 엘리베이터를 이용해야만 하니 더욱 아파트 생활의 삭막함이 스며든다.

사람은 한평생 땅과 더불어 살며 땅에서 가까울수록 기氣가 흥하며 땅에서 멀어질수록 기氣가 약해진다고 하는데 왜 땅에서 자꾸 멀어지려고 하는지? 땅에 가까울수록 장수하는 지름길이고, 하늘에 가까울수록 하늘나라가 가까워진다는데? 올라갈수록 천당이라도 가까워진다는 것인가? 가끔 하늘 높이 올라가 높은 전망대에서 밖을 내려다보는 전경 View이 멋있을 테지만 매일 높은 전망대에서 내려다보는 경관이 매일 같은 느낌이고 만족스러울까?

> Tips; 땅에서 멀어질수록 동양란은 땅의 기氣가 약해져 살아남기가 힘들다는데-

잠시 땅과 동양란에 얽힌 얘기를 더듬어보자! 언젠가 유달리 동양란에 심취한 한국의 모기업 회장이 있었는데 단독주택에 거주하면서 애지중지 난을 키웠다. 세상을 하직하면서 자녀에게 난의 소중함을 일러주고 유언처럼 잘 키울 것을 당부하였다. 선친이 세상을 떠나자 자녀는 단독주택에서 고급 고층아파트로 이사를 하였다. 이사 후 선친이 유물처럼 물려준 난을 애지중지 키운다고 최선을 다 하였는데 날이 갈수록 시들어가서 난 전문가들에게도 부탁해도 뾰쪽한 수가 없었다.

 할 수 없어서 선친의 친한 지인인 일본의 난 전문가에게 도움을 요청하였다. 그분에 의하면 동양란은 땅에서 멀어지면 질수록 지기地氣가 약하여 생명력을 유지하는 것이 어렵다고 하며 바로 아파트에서 단독주택으로 이사할 것을 권유하였다. 특히 희귀한 동양란은 수천만 원에 이르러 당시 선친이 유산으로 물려준 동양란의 가치만도 수억 원에 이르는 것이었다고 한다.

 주말부부라 주중에는 일터가 있는 수원에 거주하는 딸의 고층아파트25층 아파트에 10층 거주에 살다가 주말에는 일산 집으로 간다. 일산에는 3층짜리 빌라건물 2층에 거주하고 있는데 아침에 창문을 열면 장미꽃 향기와 창밖 나뭇가지와 잎사귀 스치는 소리가 귓전을 스쳐온다. 생명의 소리와 생명의 향기가 온 집을 휘감는다. 왜 생명의 숨소리를 거부하고 하늘로 하늘로 고층으로만 올라가려고 하는지? 아마도 재화財貨란 놈 때문이겠지!
 건설업을 하는 한 기업인은 아파트를 분양하는데 제일 윗층인 펜트하우스의 분양가는 부르는 것이 규제가 없으면 값이란다. 그래서 모 방송국의 드라마 '펜트하우스'가 인기상종가인가보다. 그래도 난 풀 소리, 벌레소리가 더 좋은 걸 어떡하지? 고층아파트가 있으면 중층, 저층아파트도 있어야하지 않겠는가. 도시는 생명체고 생명체의 활력은 다양성에서 나온다는 사실을 명심했으면 한다.

Tips; "아파트 고층에서 발생한 심장마비, 생존율 낮아"

고층아파트에 사는 사람이 심정지 심장마비가 발생하면 높은 층에 사는 사람일수록 생존율이 낮다고 한다. 캐나다 성미카엘 병원 응급의료연구실의 이언 드레넌 연구원이 2007년부터 2012년 사이에 토론토의 고층아파트들에서 발생한 급성 심정지 환자 8천216명의 생존율을 조사분석한 결과 이 같은 사실이 밝혀졌다고 메디컬 뉴스 투데이가 보도했다.

고층아파트에 사는 사람이 심정지가 발생했을 때는 3층 이하에 사는 사람이 생존율이 가장 높고 25층 이상에 사는 사람은 살아날 가능성이 제로에 가까운 것으로 나타났다. 그 이유는 심정지는 응급처치가 일분일초가 급한데 높은 층에 사는 사람일수록 구급대원의 손길이 닿는 시간이 지연되기 때문이라고 한다. 조사대상 환자 중 3층 이하에 사는 5천998명 중에서는 252명이 살아남아 생존율 4.2%를 기록했다. 그러나 3층 이상에 사는 환자 약 2천 명 중에서는 48명만이 살아남아 생존율이 2.6%였다. 16층 이상에 사는 환자 216명 중에서는 단 2명만이 목숨을 건져 생존율이 0.9%에 불과했다.

25층 이상에 사는 환자 30명 중에서는 생존자가 한 명도 없었다. 생존자는 비교적 나이가 젊고 심정지 순간 주변에 사람이 있어서 목격자가 심폐소생술 CPR을 시행할 가능성이 큰 것으로 밝혀졌다. 높은 층에 사는 환자일수록 생존율이 낮은 것은 구급대원이 엘리베이터를 작동해 타고 올라가는 데 시간이 걸려 그만큼 응급처치가 지연되었기 때문이라고 연구팀은 지적했다.

자료 : Canadian Medical Association Journal, 2016-01-18 ; 연합뉴스, 2016-01-19.

• 역설 5. 대지지분이 작을수록 아파트 가격이 비싸다!

　자본주의 국가의 중추는 바로 자본이다. 모두가 자본을 모으고 축적하기에 여념이 없다. 그래서 물건도, 집도, 토지도, 건물도 사고 매입한다. 다다익선多多益善, 크면 클수록 많으면 많을수록 좋을 수밖에! 그런데 반드시 그런 것도 아닌 것이 있다. 바로 아파트 가격이다. 아파트의 등기부 등본을 보면 아파트의 토지지분이 명시되어 있다. 토지지분이 많으면 많을수록 당연히 아파트 가격이 비쌀 것 같은데 통상 토지지분이 작으면 작을수록 비싼 것이 실상이다.

　대지지분률은 거주하는 아파트의 전체 토지면적 중에서 본인의 지분률을 의미한다. 지분률이 높으면 높을수록 본인의 땅 토지의 면적도 커진다. 통상 아파트에 있어서 토지대지지분은 저층보다는 고층일수록 낮아지고 그 만큼 대지지분이 작아진다. 고층일수록 용적률이 높고, 그 만큼 세대수가 많기 때문이다.

　경기도 K시의 두 아파트는 비슷한 시기에 지어졌으며 분양평수는 57평형으로 거의 같다. 그런데 A아파트 등기부 등본의 "표제부"부분에 대지권지분을 보니 '29910.8분의 94.6061'이고 지분률은 0.316%이다. 반면에 B아파트의 대지권지분은 '16402.8분의 177.90'이니 지분율은 1.085%이다. 대지권지분이 크니 당연히 아파트 가격도 비싼 것이 이치에 맞을 것 같은데 가격은 대지지분률이 0.316%인 아파트가격은 약 10억 원인데 비하여 지분율 1.085%인 것은 약 7억 원으로 오히려 3억 원이나 싸다. A 아파트는 고층이고, B 저층이라는 사실이 이러한 아파트 가격의 역설을 가져왔다. 고층아파트에 대한 선호 때문이다.

흔히 도시계획을 용적률게임이라고도 한다. 용적률이 높을수록 지가도 올라가는 구조를 빗대어 이르는 말이다. 특히 아파트 재건축이나 재개발에서는 대지지분률과 용적률이 위력을 발휘한다. 대지지분률과 개발 용적률이 높을수록 원소유자들의 개발이익이 커지기 때문이다. 주차장을 지하화하고 지상 공지가 많은 새로운 초고층 주거환경이 인기가 있으므로 많은 단지들이 안전진단을 서두르고 높은 용적률을 받아 고층아파트를 지으려고 한다. 그럼 높은 용적률로 지어진 초고층 아파트가 또다시 언젠가 재건축하려면 얼마나 더 높은 용적률이 되어야 할 것인가?

> Tips; 대지지분이란?
>
> 아파트공동주택 전체 대지면적을 세대수로 나눈 면적을 말한다. 즉 내가 소유한 주택이 아파트 전체 면적에서 차지하는 면적을 말하는데, 대지지분이 높으면 용적률이 낮아서 재개발하는 경우에 더 많은 세대를 신축할 수 있고 보상해 주어야 할 대상이 적으므로 사업성이 높아지게 된다.

요즈음의 재건축은 고밀도·초고층으로 이어지고 있다. 50층 이상 초고층으로 지어진 아파트가 30~40년 뒤에 내구연한이 다하여 재건축할 필요가 있을 시에는 또 다시 용적률을 높여 100층 이상의 초초고층으로 지을 수 있을 것인가? 이러한 재건축이 문제인 이유는 장래 지속가능한 재건축이 어렵기 때문이다.

이제는 초고층의 아파트가 수명이 다해갈 경우를 대비해서 준비를 해야 되지 않겠는가. 당대를 살아가는 우리들만의 이기심이 아니라 후대들이 살아 갈 아름다운 도시공간을 물려줄 고민도 함께 해야 한다. 우리들 못지않게 후대들도 아름답고 쾌적한 도시에서 살아야 할 권리가 있다.

- 역설 6. 아파트 정책은 가로채기 정책이며 분식정책粉飾政策이다!

아파트 정책은 최종고객에게 귀착되어야 할 정책의 효과를 가로채기하는 가로채기 정책이거나 정책의 효과를 반감시키고 최종고객을 위하는 척하는 하는 일종의 가식적假飾的인 분식정책粉飾政策성향이 있다. 마치 수수께끼같은 아파트 정책인 모습이다.

서비스에는 항상 고객이 있기 마련이다. 기업은 고객의 눈높이를 맞추기 위해 온갖 정성을 쏟는다. 이는 바로 기업의 이익과 직결되기 때문이다. 정부서비스도 마찬가지이다. 정부도 국민과 시민의 눈높이에 부응하기 위해 심혈을 기울인다. 그런데 기업의 고객과 달리 정부의 고객은 좀 복잡하다. 1차 고객이 있는가하면 2차 고객, 3차 고객도 있다.

예를 들면 아파트 공급과 관련하여 중앙정부인 국토교통부국토부와 지방정부인 서울시의 입장은 조금 다르다. 국토부의 1차 고객은 일반고객이라기보다는 아파트를 건설하는 시행사나 시공사, 금융기관 및 이들과 직·간접적으로 연관된 기관들이다. 아파트의 수요자인 국민들은 최종고객인 셈이다.

그러니 국토부 입장에서는 다양한 고객집단이 존재하게 된다. 여러 고객집단을 헤아려야하니 고객집단의 눈높이 맞추기에도 복잡해진다. 그럼 어느 집단의 고객을 우선할 것인가가 고민일수밖에 없다. 1차 고객에 우선할 것인가, 아니면 최종고객에 초점을 둘 것인가? 고객집단이 다층적이다 보니 정책의 효과를 중간에서 가로채기하거나 화장술로 포장하는 현상도 발생한다.

  일반적으로 중앙부처인 정책수립부서는 국토부와 유사한 고객집단이 존재하게 된다. 반면에 지방정부에서는 중앙정부보다는 상대적으로 고객집단이 보다 단층적이고 명확하다. 이를 테면 아파트 공급과 관련하여서 서울시는 아파트의 최종수요자인 시민 눈높이를 우선적으로 고려할 수밖에 없다. 필자가 서울시 재직 시 경험에 의하면 도시계획이나 아파트공급문제와 관련하여 제도개선에 관한 논의에서 서울시와 국토부의 입장이 상치하는 경우가 적지 않았다.[11] 이유인즉 서울시는 기본적으로 주택이나 아파트의 최종수요자의 입장에서, 반면에 국토부는 최종고객뿐만 아니라 여러 고객집단들도 동시에 고려해야 하기 때문이었다. 어느 것이 옳으냐를 단정하지는 곤란하지만 궁극적으로는 최종고객의 입장을 헤아리는 것이 바람직하다.

  정부서비스는 정책을 통해 나타난다. 좋은 정책은 최종수요자

---

11) 최근에도 서울시와 국토교통부와 재건축에 대한 의견 또는 이견을 조정하기 위해 오세훈 시장과 노형욱 국토교통부장관이 함께하였다. 재건축사업의 조합원 지위양도금지 시점을 재건축은 '조합설립이후'에서 '안전진단 통과 이후'로, 재개발은 '관리처분 인가 이후'에서 '정비구역 지정 이후'로 조정하는 협의를 진행하였다(한국경제, 2021. 6. 10)

고객의 눈높이에 부합해야 한다. 그런데 정부정책이 최종고객보다는 정책입안자들이나 이와 관계된 집단들을 우선시하는 경우가 있고, 정책의 효과를 반감시키거나 가로채기하는 경우도 종종 있다.

필자는 이를 가로채기 정책 또는 분식정책粉飾政策이라고 부르고자 한다. 다시 말하면 분식정책이란 최종수요자의 입장을 간과하거나 최종수요자를 위하는 척 하면서 정책입안과 관계된 자들이나 이해관계자들이 중간에서 실속을 가로채는 것이 가능하도록 허용하여 정책의 효과가 반감되어 나타나는 정책을 말한다.

중앙정부건 지방정부이건 간에 공공서비스의 최종수요자는 국민이며 시민이다. 어떤 정책이던 최종수요자인 국민과 시민들에게 실질적인 정책의 혜택이 돌아가지 않거나 명목적 수혜자로 치부되는 정책은 가로채기 정책이며 분식정책으로 비난받아 마땅하다.

최근 LH공사의 택지개발 및 아파트공급 정책, 세종시 공무원들을 위한 특별공급아파트특공아파트 정책, 성남시 대장동 사건은 정책의 효과가 최종수요자인 시민보다는 다른 이해관계자들이 실속을 챙기는 가로채기 정책이며 분식정책의 전형을 보여주는 일례라 여겨진다.

또한 지방균형발전을 도모한다는 명목으로 추진된 혁신도시에 공기업을 이전移轉함에 따른 직원들의 특별공급아파트도 '특별공급아파트 먹튀' 현상으로 나타났다표 3-3 참조. 4개 공기업의 특공아파트를 분양받은 265명 가운데 65.3%에 해당하는 173명이 해당지역에 거주하지 않는 것으로 확인되고 있으며, 나머지 공기업도 이와 대동소이한 것으로 인식되고 있다한국경제, 2021. 7, 26. 국토교통부 – LH공사 등 공기업 - 대출 금융기관 및 건설회사 - 정보를 독점한 정책결정자 그룹–정책의 효과를 위장한 직원들 등은 가로채기 정책과 분식정책 형성의 주연 및 조연들이다.

외양은 최종수요자의 입장을 배려한 것 같지만 실상은 분식정책 수립에 직·간접적으로 관계한 자들과 공적 정보들을 몰래 취득한 자, 최종수요자를 위장한 자들의 실속 챙기기가 우선적임이 드러났다. LH공사와 관련된 비리가 일부 확인되기는 하였지만 시민들에게는 마치 빙산의 일각인 듯한 모습이다. 이러한 현상의 끝판왕인 듯한 모습이 바로 경기도 성남시 대장동 사건이다. 이번 대장동사태는 유사 이래 최대의 부동산비리사건으로 기록될 전망이다.

Tips; 혁신도시 공기업 직원 65%가 '특공 먹튀' 현상으로 치달아!

〈표 3-3〉 주요 공공기관 혁신도시 아파트 특별공급현황(단위: 명)

공공기관명	이전지역	특별공급	실거주	미거주매각	기타
한국에너지공단	울산	82	27	46	9
주택관리공단	진주	90	8	57	25
한국전기안전공사	전주	56	28	19	9
한국광물자원공사	원주	37	29	5	3

10년간 112개 기관 9,851명에게 특별공급아파트 공급(자료: 국민의 힘 권영세 의원)
출처 : 한국경제, 2021. 7. 26

이제라도 아파트정책은 최종수요자가 진정 주인으로 자리매김하는 정책으로 거듭나야 한다. 아파트정책은 탈분식정책脫粉飾政策이어야 한다. 탈분식정책이 되기 위해서는 정책의 효과가 최종수요자에게 귀착되어야 한다. 정책의 효과가 최종수요자들에게 돌아가기 전에 중간에서 가로채기가 가능하도록 제도를 허용하거나 가로채는 세력이나 집단이 존재해서는 아니 된다.

아파트정책에서 이해관계를 가진 공공기관관계자들에게 제공하는 특혜는 폐지해야 한다. 또한 아파트공급정책과 관련하여서는 정보독점에 따른 폐해도 방지해야 한다. 잘못된 아파트정책 시스템을 방치해 두고 관계자나 공직자들에게 성인군자 모습의 처신을 기대해서는 아니 된다. 이와 관련하여 직·간접

관계자들에게는 엄격한 인사관리와 정기적인 재산등록 및 신고제를 도입하는 등 한 차원 높은 윤리강령을 마련하고 준수하도록 할뿐만 아니라 사후 모니터링을 통해 철저히 검증해야 하며 위반 시에는 상응한 책임을 물어야 한다.

> Tips; 행복도시 세종시민들은 '행복시민', 하지만 국민들은 '불행국민'.
>
> 세종시의 공식명칭은 세종행정중심복합도시이다. 약칭하여 '세종시' 또는 '행복도시'라고 칭한다. 세종행정중심복합도시행복도시 특별공급아파트는 지난 10년 동안 96,646호 중 26.4%인 25,636호가 이전기관 종사자들에게로 돌아갔다. 이전대상기관에서 누락된 관세평가분류원은 세종시에 유령의 청사를 지어 49명이 특공아파트를 챙겼으며 인근의 대전시 등 불과 20-30분 거리에 있는 기관들이 세종시로 이전하면서 특공혜택을 받기에 몰두하였다.
>
> 서울시와 세종시의 2020년 공동주택의 중위 값을 비교한 결과, 서울이 3.8억 원인데 세종시는 4.23억 원으로 세종시가 서울보다 4,300만 원이 비싼 것으로 나타났다. 게다가 세종시 이전 공공기관 임직원이 산 주택은 '지방세특례제한법'에 따라 2010년부터 취득세를 감면해 주었다. 이것도 2년간만 한시적으로 적용하기로 한 것을 2022년까지 계속 연장해 오고 있다. 지난 10년간 깎아준 취득세 감면액은 약 358억 원에 이르고 있다. 중앙일보 2021. 5. 29.-30 & 2021. 6. 4
>
> 게다가 정치권은 툭하면 균형개발이라는 미명하에 정부산하 관계기관들을 대상으로 세종시 이전이란 카드를 내밀어 세종시를 투기지

역화 하는데 앞장을 섰다. 이들은 모두 가로채기 정책, 분식정책의 주연이자 조연들이다. 국민을 위하는 척 실속은 정보를 독점한 공공기관 종사자나 정치권이 가로채기 하는 꼴이 되었으니 분식정책이라 아니할 수 없다.

그 결과, 세종시민은 그 명칭 행복도시에 걸맞게 '행복시민'이 되었다. 반면에 우리나라 국민은 폭등하는 아파트 가격으로 내 집 마련의 기회는 점점 멀어지는 '불행국민'으로 전락하는 모습이다.

3. 아파트가 가야할 길

지금까지 아파트의 역설을 살펴보았다. 아파트 역설이 존재하는 한 시민들의 삶은 궁핍해 질 것이다. 역설을 정설로 되돌리는 길이 없을까? 주택정책은 정부의 정책 중에서도 풀기 어려운 난제 중의 난제이다. 예술로 비유하면 주택정책은 종합예술과 유사하다. 부동산 정책, 자본시장과 금융정책, 세금정책, 건설시장, 거시경제와 미시경제, 정책수단의 유형, 총량규제와 가격규제, 인간의 심리작용 등 무수한 요소들이 복합적으로 얽혀있다. 난제일수록 원칙과 기본에 충실할 필요가 있다.

아파트역설을 극복하기 위해 아파트가 나아가야 할 길은 첫째로 **종가從價규제와 종량從量규제의 적절한 조화를 통한 이상**

과 현실의 조화이다. 아무리 좋은 이상적인 정책이라도 현실에서 정착하기 어렵다면 원하는 목표를 달성하기 어렵다. 투기목적의 다주택자에 대한 규제는 바람직하다. 하지만 시장의 반응과 가격요소를 무시한 다주택자에 대한 획일적인 규제는 현실적인 정책효과를 기대하기 어렵게 한다. 만약 주택의 수를 기준으로 하는 주택총량제가 아니라 소유하는 전체 주택의 가격을 기준으로 하는 종가세 구조라면 지금과 같은 똑똑한 1채 현상이 심화되고 있을까?

주택 수에 치중하기 보다는 가격을 적극적인 기준으로 활용할 때, 부자일수록 세금부담이 많아진다. 누진세를 적용하면 세수증대효과 뿐만 아니라 부의 재분배문제에도 순기능적으로 작용하게 된다. 종가세가 중심이 되면서 종량세가 보조적인 수단으로 적절히 조화되도록 할 수 있다면 지금과 같은 전세시장의 왜곡 및 아파트 가격 폭등문제를 상당정도 제어할 수 있지 않을까? 종량세와 종가세의 조화로운 접목으로 정책의 순응도를 높일 수 있을 것이다.

둘째, 주택정책에 있어서 정부가 무엇이든 다할 수 있다는 정부만능주의적 시각을 가져서는 곤란하다. 자본주의국가에서 일방적인 시장만능주의나 정부만능주의는 설자리가 없다. 시장실패는 정부의 시장개입의 근거가 되지만 정부의 역할은 시장 왜곡현상의 발생을 제어하고 시장경제활성화를 위한 지렛

대 역할에 충실해야 한다. 정부의 시장 직접개입은 최소화하면서 시장경제가 활성화될 수 있도록 윤활유역할을 충실히 하여야 한다. 자본주의국가에서는 저·중·고소득층이 존재하기 마련이다. 소득계층에 따라 선호하는 주택유형을 다양하게 공급하는 주택정책이 필요하다. 연립주택이나 다세대주택에 아파트가 지니는 장점을 보완하면 소비자의 선택폭은 훨씬 높아질 것이다. 고층아파트가 있으면 저층아파트도 있어야 높낮이도 있으면서 다양성도 살아나지 않겠는가. 주택수가 부족하다고 정부가 전부 이를 공급할 수는 없다.

셋째, 유연하고 다양한 정책수단으로 수요자에게 선택의 폭이 넓은 대안이나 메뉴를 제공하여야 한다. 자본주의국가는 많이 가진 자, 적게 가진 자, 더 적게 가진 자 등 다양한 계층이 존재할 수밖에 없다. 다양한 메뉴의 공급을 통해 수요자가 선택할 수 있는 여지를 높이도록 해야 한다.

이를 테면 주택의 공급유형이 자가, 전세, 월세 구조에서 전세가 사라지는 구조는 바람직하지 않다. 왜냐하면 이는 주택에 대한 수요자의 선택 폭이 줄어들 수밖에 없으며 이는 수요자에게는 고통으로 이어지기 때문이다. 아파트에는 전세, 반전세, 1/3전세, 1/4전세, 월세 등 다양한 형태다메뉴가 있어야 수요자의 선택폭이 넓어질 것이다.

넷째, 주택정책은 반드시 중·장기적 요소를 고려해야 한다.

특히 아파트재건축은 30-40년을 주기별로 반복되고 있다. 그동안 비교적 낮은 용적률로 지어진 아파트는 그나마 재건축이라도 가능하였지만 앞으로 50-100층으로 지어진 초고층아파트도 재건축이 가능할지 의문스럽다. 앞으로 다가올 상황에 대한 치밀한 준비없이 현상황의 모면에만 급급하지는 않았는지 되돌아볼 필요성이 있다. 이미 서울시만하더라도 30년 이상된 아파트가 약293,000호에 달하는 것으로 나타나고 있다중앙SUNDAY, 2021. 6. 19-20.

다섯째, 주택정책은 분식정책粉飾政策이 되어서는 아니 된다. 최종수요자에게 가는 정책효과를 중간에서 가로채기하는 현상이 발생하도록 해서는 아니 된다. 도시정부의 주요 의사결정과정에서 '도시계획위원회'는 반드시 다수자의 참여에 의한 의결기관으로 운용하도록 되어있다. 이는 그만큼 도시계획위원회의 논의사항이 중요하고 시민들에게 미치는 영향이 심대하기 때문이다. 주택정책의 수립과 집행과 관련한 관계자들에게는 정보의 사유화를 방지하고 철저한 윤리규범을 마련하고 이탈행위 시에는 그에 상응하는 책임을 물어야 한다.

여섯째, 기존의 주택이나 아파트의 개념에서 벗어나자. 지난 40-50년 동안 대한민국사회는 급속도로 산업화되면서 사회구조도 고도로 분화현상을 경험하고 있다. 여러 세대가 함께 어우러진 대가족 중심사회에서 5인 가족, 4인 가족, 부부중심 가족으로 분화를 진행하다 멀지 않은 시기에 나홀로 세대가 거의 과반에 이를 전망이다. 통계청이 2021. 8. 2일 발표한 『2020 인구주택총조사』에 의하면 2020년 1인 가구는 전체가구의 31.7%664,300명로 2019년보다 8.1%나 증가한 것으로 나타났다.

이는 가구 구성원의 양태가 과거와는 사뭇 다르게 전개될 전망이다. 이는 주택이나 아파트에 대한 인식과 기호가 과거와는 다를 수밖에 없다. 언제까지 자가주택, 자가아파트에 치중하는 주택정책에 매몰될 것인가. 임대주택에 대한 부정적 시각도 전환되어야 한다. 사회구조의 변화 및 세대의 인식변화에 부응하는 주택 및 아파트정책이 필요하다.

일곱째, 주택정책은 심리적 요소도 간과해서는 아니 된다. 아파트시장이 불안하고 균열현상을 보이면 국민들의 불안감은 더욱 증폭될 수밖에 없다. 이는 정부정책의 순응도를 떨어뜨리는 요소로 작용한다. 따라서 어휘나 용어사용에 있어서도 진중해야만 하고 거부감이 있거나 시대에 뒤떨어진 낡은 용어는 사용하지 말아야 한다. 이를 테면 임대주택하면 저소득, 저학력, 낙오자, 빈곤을 연상시켜서는 곤란하다. 임대주택도 주거의 한 형태일 뿐이다. 미국에서 아파트는 우리나라에서의 임대주택이고 콘도미니엄콘도이 우리나라에서의 아파트와 유사한 의미이다.

이제 우리나라에서 임대주택이나 임대아파트란 용어를 사라지게하자. 아파트를 자가아파트와 아파트로 구분하는 것도 한 방안이다. 자본주의 국가는 본질적으로 주택문제와 부동산투기문제로 정부와 민간 간 숨바꼭질을 하기 마련이다. 주택이나 아파트정책은 경기도 살리고 투기수요를 억제하면서 실수요자를 제대로 보호하는 해법을 찾아야 한다.

마지막으로 주민등록 주소지 중심의 거주자 우선의 주택정책, 아파트 정책이 긴요하다. 바로 1주택 실거주자 우선의 주택정책이다. 이는 전국구 아파트가 지역구 아파트로 전환될 수 있는 토대가 될 수 있다. 주택이나 아파트는 주거가 본래의 기능이다. 주거 본래의 기능보다 투기수단 등으로 활용되는 것을 근원적으로 차단할 필요가 있다. 주택정책은 해당지역에 주소를 가지는 1주택자에게 파격적인 혜택을 부여예: 재산세를 1/2로 감면 등하도록 한다. 반면에 다주택자이면서 똑똑한 한 채 쏠림현상에 대해서는 그 양태주택의 수, 가격, 보유기간, 주택시장의 양상 등에 따라 징벌적 수준의 중과세를 하도록 한다. 이는 아파트 시장 구조가 전국구에서 지역구 중심으로 재편되는 계기가 될 수 있다. 이럴 경우 똑똑한 한 채의 위력이 사라지는 동인이 될 수가 있다.
한국은 도시국가인 셈이다. 돈이 되는 곳이면 어디든지 몰려들기 마련이다. 이러한 구조를 벗어나게 하는 정책수단이 강구

되어야 한다. 주택문제는 워낙 복잡다단한 요소가 서로 얽혀있기 때문에 여기서 이들 문제를 모두 다루기에는 한계가 있다. 한 가지 분명한 것은 원칙과 기본에 충실한 정책이라야 공감을 얻을 수 있음을 명심해야 한다.

제 4 장

도시의 속살 :
불편한 진실

제4장 도시의 속살 : 불편한 진실

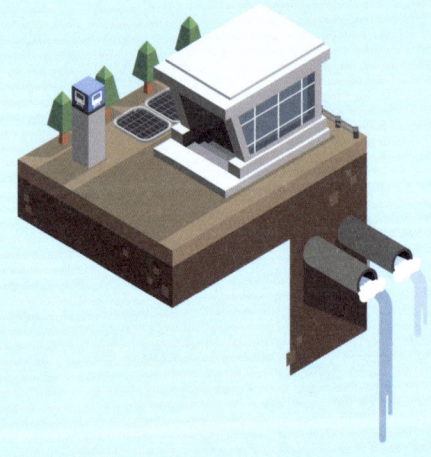

제4장 도시의 속살 : 불편한 진실

 지금까지 도시에 살면서 무심코 놓치고 있던 도시의 속살을 엿보았다. 우리들이 살고 있는 도시속에 숨겨진 일종의 불편한 진실이라고나 할까. 척박한 환경에서 거친 비바람과 혹독한 추위를 겪을수록 소나무의 자태는 더욱 빛을 발하게 된다. 어찌 보면 우리들의 도시도 시련과 굴곡의 터널을 거치면서 도시다운 면모와 자태가 살아나지 않을까? 오늘날의 잣대로 지나온 길을 재단할 시 도시는 영속성이 사라지고 단절로 점철되는 모자이크 도시가 되기 십상이다.

 지난날의 숨결이 살아 숨 쉬고 오늘로 이어져 미래로 나아갈 때 도시는 한층 생명체로서 빛을 발하게 된다. 바로 도시의 이음이 중요한 까닭이다. 무궁화동산은 여기저기서도 볼 수가 있다. 누가, 왜 '궁정동의 그때 그 모습'을 '무궁화 동산'으로 포장해 애써 감추고 싶은 걸까. 불편한 진실 때문? 진실일수록 본래 그대로의 모습으로 자리해야 도시는 생명력을 지니게 된다.

'화장빨 도시'는 도시의 지나온 아픈 상처를 지우고 화장으로 덧칠을 해 나가지만 이는 도시의 참모습과는 거리가 있다. 앞이 있으면 뒤가 있고 겉모습이 있으면 속모습도 있다. 양자가 있는 그대로의 모습으로 조화롭고 병존하는 것이 도시의 본모습이다. 겉과 속이 서로 어우러지고 융합이 이루어질 때, 도시는 양극단의 원색도시가 아니라 무지개와 같은 다양한 스펙트럼으로 나타나게 되고 도시의 생명력은 한층 고양되기 마련이다.

'좋은 도시'란 과거의 흔적과 기억이 담겨 있을 뿐만 아니라 오늘의 발자취와 다가올 미래도 담을 여유와 포용력이 있어야 한다. 도시는 유기체다. 생명체가 건강하기 위해서는 속이 튼튼해야 한다. 인체에 비유하면 오장육부가 튼튼해야 건강해진다. 속에 탈이 났는데 겉모습을 그럴듯하게 포장한다고 해서 그런 겉모습이 오래 지속될 수 없다. 도시도 마찬가지다. 도시내면의 모습이 튼튼해야 겉모습의 치장, 즉 도시의 화장빨이 제대로 먹히기 마련이다. 화장빨이 제대로 먹히는 속이 꽉 찬 도시를 만들어야 한다. 그런 도시라야 가보고 싶고 머무르고 싶고 또 다시 뭇사람들의 발걸음이 모여들지 않겠는가!

우리나라의 전통적 주거양식인 초가집이 산업화과정을 거치면서 판자촌이 형성되고 달동네를 거치면서 기와집과 양옥집, 다세대주택으로 변신에 변신을 거듭해 왔다. 이제는 아파트가 대세가 되어가고 있다. 바야흐로 아파트공화국으로 변모하고 있다. 주거기능이 본질인 아파트가 자산증식과 투기시장으로 변모해 가고 있는 현실이다. 주와 객이 바뀐 모습이다. 주와 객이 바뀌니 인성과 정감으로 채워져야 할 자리에 탐욕과 이기심, 경제적 가치가 우선순위로 자리매김하고 있다.

이른바 물질속의 빈곤, 풍요속의 빈곤이 우리들 도시의 속살이 아닐지. 겉모습은 그렇듯 한데 속으로는 갈등과 불만으로 피멍이 들어가는 형국이다. 아파트가 가야할 본래의 길을 잃어버리니 덩달아 우리들의 삶도 궤도이탈을 하는 모습이다. 다름아닌 '아파트의 역설'이다. 정설이 아니라 역설을 쫓아가야 하는 도시민의 삶은 정상인지 비정상인지 가늠하기조차 힘들다. 정녕 우리들의 도시가 어디로 가야 하는 것인가?

앞서 살펴 본 뉴욕시에 대한 모제스와 제이콥스의 대칭적인 시각은 매우 흥미롭다. 모제스가 뉴욕시를 '화장빨 도시'를 만들기 위해 공권력을 행사하기에 여념이 없었다면, 제이콥스는 뉴욕시를 '이음의 공동체'로 만드는데 온갖 정성을 쏟았다. 제이콥스의 헌신적인 열정으로 뉴욕시에 이음의 공동체가 살아나면서 뉴욕시는 세계의 경제수도로서 위상을 발휘하는 바탕이 되었음을 부인하기가 어려울 듯하다. 우리에게 주는 교훈이 아닐 수 없다.

좋은 도시는 누가 만드나? 국가, 도시지방정부, 공공기관, 시민, 권력, 자본 등등? 좋은 도시는 모두의 합작품이며, 그중에서도 공공의 역할이 막중하다. 그러나 공공기관 간 갈등과 대립, 기관이기주의, 관료들의 이기심과 조직할거주의, 공동체와 시민들의 이기심 등이 좋은 도시를 만드는데 걸림돌로 작용한 여러 사례들을 엿보았다. 『도시의 속살 엿보기』를 통해 참 도시가 지향해야 할 가치를 되돌아보고 살기 좋은 도시를 만드는 계기가 되었으면 하는 바람이다.

에필로그

에필로그

에필로그

　대학정년을 앞두고 흔히 하는 인생2모작에 대한 고민에 몰입해 있을 즈음이다. 연구실에서 책정리에 여념이 없었다. 한평생 애지중지하던 서적이라 마구 버릴 수도 없고 집에는 보관할 여유공간이 부족해서 고민이었다. 마침 K시에 산하 연구기관이 있어 시장에게 연구실 서적을 기증하겠다고 하니 신생 연구원이라 큰 도움이 되겠다고 하시면서 고맙게 받겠다고 하였다. 시장님 왈, 서적 기증식 행사라도 하고 기증하는 것을 제안하셨다. 연구실에서 K연구원에 기증할 책을 열심히 정리하던 중이었다.

　S시에서 ○○실장과 관계 공무원 몇 분이 연구실을 찾아왔다. S시 산하의 연구기관장 자리에 공모를 할 수 있느냐는 문의였다. 평소에 연고도 별로 없었을 뿐만 아니라 갑작스런 이야기라 당황스러웠다. 자초지종 이야기를 듣고 연구원장에 공모하

기로 하였고, 2019년 1월부터 S원장에 취임하였다.

　20년을 대학에 재직하면서 연구원 경험은 한동안 잊고 지냈다. 연구원장으로 1~2주가 지나면서 과거 서울연구원에서의 경험이 되살아났다. 연구원에 대한 새로운 고민은 새로운 활력과 에너지로 이어졌다. 새삼스럽게 일을 하면서 즐겁고 보람을 만끽하는 것은 정말 오래만 이었다. 아마도 정년이후 덤으로 이어진 일의 연속성 때문이리라!

　S연구원 원장으로서의 경험은 도시에 대한 새로운 인식을 하는 계기가 되었다. 한평생 도시에 대해서 배우고 가르치기는 하였지만 몸소 도시의 일선현장에서 부딪히는 일상은 생경하고 소중하였다. 그동안 도시에 대한 인식과 처방이 다소 원거리에서 보는 느낌이었다면 이때부터는 지근거리에서 현장중심의 실천지향적 대안의 탐구였다. '우문현답'이었다고나할까. '우리의 문제는 현장에 답이 있고' 이를 찾는 작업인 셈이다. 이러한 고민은 '도시는 이음'이란 소중한 자산을 찾는 바탕이 되었고, 어떻게 하면 가식적인 '화장빨 도시'를 탈피하고 도시의 진정한 본모습을 회복하고 만들어 나갈 것인가 하는 고민

이 자리하였다.

  『도시속살 엿보기』는 그동안 서울시와 수원시를 비롯한 여러 도시들과의 직·간접적인 경험을 통한 체득한 고민의 산물이다. 이러한 고민은 이 책의 출간으로 끝이 아니라 앞으로 또 다른 고민으로 이어지고 지속적으로 새로운 고통과 번민으로 이어질 것이 점차 명확해져 가고 있다. 고민이 고통이 아니라 행복한 고민이고 그 고민은 즐거운 고통으로 이어질테니 이 얼마나 보람된 일이 아닌가! 어서 빨리 이 책을 마무리하고 또 다른 고민으로 새출발을 하고 싶다. 또 다른 모습으로 독자 여러분을 마주할 날을 고대하면서 -

〈참고문헌〉

- 국토교통부, 민자역사 점용허가 현황, 2019. 12
- 김형진 옮김, 제인 제이콥스: 작은 계획의 힘, KRIHS, 2016
- 발레리 줄레조, 아파트 공화국, 길혜연 역, 후마니타스, 2007
- 박철수, 한국주택 유전자 1-2, 마티, 2021
- 서울시, 지하철7호선 차량기지건설관련 경전철비용부담 요구사항 검토, 서울시 내부자료, 1996
- 서울시정개발연구원, 지하철 차량기지건설 관련 토지이용비용 부담요구에 대한 검토, 서울시정개발연구원 도시경영연구부, 1996. 3
- 신영훈, 박자청의 활동과 업적, 박자청 콜로퀴엄, 서울시정개발연구원(현 서울연구원), 1993
- 아스팩미래기술경영연구소, 코로나이후 대전환시대의 미래기술전망, 호이테북스, 2020
- 유봉학, 수원화성-역사적 의미, 수원시정연구원, 수원시민자치대학, 2017. 10.
- 최병대, 포스트코로나를 대비하라, 2021, 일상이상
- ＿＿＿, 서울신문, 시론, 2016년 7월 29일 27면
- ＿＿＿, ㈜지방행정연구소, 자치행정, 통권294호, 2012년 9월
- ＿＿＿, 서울신문, 열린세상, 2012년 6월 21일 30면
- ＿＿＿, 한국자치발전연구원, 자치발전, 2011년 2월
- ＿＿＿, 자치행정의 이해, 대영문화사, 2008
- ＿＿＿, 동아일보, 시론, 2007년 7월 4일
- ＿＿＿, 서울신문, 열린세상, 2007년 6월 8일
- ＿＿＿, 한양대학교 지방자치연구소, 지방자치정보, 제135호, 2002년 5월
- 최성환, 정조대 수원 화성의 성장과 한말 근대 수원의 형성, 수원시정연구원, 수원시민자치대학, 2017. 10.

- 서울시 강남구, 행정통계자료
- 서울시 서초구, 행정통계자료
- 서울시 송파구, 행정통계자료

- 수원시 광교 호수공원(gglakepark.or.kr), 광교 호수공원 홈페이지
- 수원시 홈페이지
- 수원시, 수원시 연도별예산서 및 지방재정365
- 수원시 공동주택과, 수원시 주택유형별 현황, 2020. 8
- 일산 호수공원 (goyang.go.kr), 일산 호수 공원 홈페이지
- e나라 지표

- 국세청, 행정통계자료
- 통계청, 행정통계자료
- _____, 2020 인구주택총조사, 2021. 8.
- _____, 국가별 인터넷 이용률 자료
- _____, 2019년 인구주택총조사
- 건축법 & 건축법 시행령

- 매일경제, 2002. 6. 28
- 연합뉴스, 2016. 1.19
- _____, 1996. 3. 19
- 조선일보, 2020. 9. 9
- 중앙일보, 2021. 6. 19-20
- _____, 2021. 6. 12-13
- _____, 2021. 6. 4.
- _____, 2021. 5. 29-30

- _____, 2021. 5. 25
- 철도경제, 2020. 7. 2
- 한국경제, 2021. 7. 26
- _____, 2021. 7. 14
- _____, 2021. 6. 10
- _____, 2021. 5. 31
- _____, 2021. 5. 19
- _____, 2021. 12. 2
- KB경영연구소, 2020 한국부자 보고서
- 위키백과

- Canadian Medical Association Journal, 2016. 1. 18
- Doxiadis, Constantinos A., Ekistics, London: Hutchinson, 1968
- Short, John Rennie., Robert Moses Versus Jane Jacobs: Hack your way with a meat ax, Alabaster Cities: Urban U.S. since 1950, Syracuse University Press(Syracuse: NY), 2006
- U-Va, Cooper Center Analysis of 2010 Census Data, The Washington Post.
- World Bank, International Tourism, 각 년도
- https://namu.wiki/w/10.26%20%EC%82%AC%EA%B1%B4?form=MY01SV&OCID=MY01SV
- https://m.blog.naver.com/PostView.naver?isHttpsRedirect=true&blogId=-jdh5901&logNo=221669472744
- http://www.ynamnews.co.kr/news/articleView.html?idxno=14748
- http://weekly.khan.co.kr/khnm.html?www&mode=view&art_id=201506231035081&dept=
- https://www.seouland.com/arti/culture/culture_general/5150.html

- https://namu.wiki/w/10.26%20%EC%82%AC%EA%B1%B4?form=MY01S-V&OCID=MY01SV
- https://m.blog.naver.com/PostView.naver?isHttpsRedirect=true&blogId=-jdh5901&logNo=221669472744
- https://cafe.daum.net/forestguide/1XHp/835?q=
- %ED%9A%A8%EC%9E%90%EB%8F%99%EC%82%AC%EB%9E%91%EB%B0%A9
- https://librewiki.net/wiki/%ED%8C%8C%EC%9D%BC:%EA%BD%88%EB%B0%B0%EA%B8%B0%EA%B5%B4.jpg
- http://m.khan.co.kr/view.html?art_id=200806181810555#c2b
- https://blog.daum.net/mrcar01/4407490
- https://www.yna.co.kr/view/PYH20060327020300999
- https://m.blog.naver.com/PostView.nhn?blogId=changdong412&logNo=220140959732&proxyReferer=https:%2F%2Fwww.google.co.kr%2F
- https://www.ydp.go.kr/tour/viewTnTursmResrceU.do?resrceNo=81&key=4006
- https://librewiki.net/wiki/%EB%8C%80%EA%B5%AC%EC%97%AD
- https://www.ydp.go.kr/tour/viewTnTursmResrceU.do?resrceNo=81&key=4006
- https://mediahub.seoul.go.kr/archives/1289121
- https://blog.daum.net/wuban777/13427588
- http://www.gglakepark.or.kr/sub01-1.php
- https://www.donga.com/news/article/all/070704/8462266/1
- http://www.index.go.kr/potal/main/EachDtlPageDetail.do?idx_cd=1346